Hans Petschar
ANSCHLUSS

Hans Petschar

ANSCHLUSS

»Ich hole Euch heim«

Der „Anschluss" Österreichs an das Deutsche Reich
Fotografie und Wochenschau im Dienst der NS-Propaganda

EINE BILDCHRONOLOGIE

Christian Brandstätter Verlag

„Vor der Machtübernahme der Nationalsozialisten war
Johann Winkler Bürgermeister der Gemeinde Paternion.
Er hatte sein Amt bereits zurückgegeben,
als braununiformierte Männer vor der Tür auf ihn warteten
und ihm seine Entmachtung mitteilen wollten.
Ich bin euch zuvorgekommen, ich habe bereits demissioniert,
sagte er zu den Nazis."

Josef Winkler, Wenn es soweit ist.
Typoskript zum Roman

Für die „neuen" Kinder
vom Petscharteich
zur Erinnerung
an ihren Urgroßvater

Inhalt

Dank

Es ist mir eine besondere Freude und Ehre, all jenen Menschen zu danken, die mir bei der Arbeit geholfen haben und ohne deren tatkräftige Unterstützung dieses Buch nicht erdacht und geschrieben worden wäre.

Zunächst danke ich unbekannterweise Ian Kershaw, in memoriam dem britischen Journalisten Georg Eric Rowe Gedye, sowie meinem Freund Harry Weber für ihre so wichtigen Erinnerungen und die Beschreibungen der Ereignisse im März und April 1938 in Wien und in Österreich.

Ich danke vielen Kolleginnen und Kollegen in österreichischen Archiven, Bibliotheken und Universitäten, insbesondere dem Mitarbeiterstab des Filmarchiv Austria, Mag. Ernst Kieninger, Hrvoje Miloslavic, Peter Spiegel; dem Österreichischen Filmmuseum, Alexander Horvath und Michael Loebenstein, für die großzügige Hilfe und fachkundigen Erklärungen zu den unpublizierten Filmdokumenten.

Ich danke Frau Dr. Elisabeth Klamper und dem Dokumentationsarchiv des österreichischen Widerstands und meinen Historikerkollegen von den Universitäten Salzburg und Wien, die mit ihren Arbeiten es erst ermöglicht haben, die Bildquellen und die Chronologie in einen historischen Kontext zu stellen und zu präsentieren; insbesondere danke ich Siegfried Mattl für viele Gespräche und Kommentare.

Ganz besonders danke ich meinen Kolleginnen und Kollegen im Bildarchiv der Österreichischen Nationalbibliothek, Herbert Friedlmeier, Mag. Monika Kranzl, Angelina Artner und Norbert Czibula, vor allem aber Mag. Michaela Pfundner und Mag. Robert Pfundner für ihre so wertvolle Hilfe bei der Identifizierung von Bildquellen.

Ich danke der österreichischen Gesellschaft für Zeitgeschichte und dem Verein für die Geschichte der Arbeiterbewegung für die Bereitstellung von fotografischen Quellen und dem Filmarchiv Austria, dem Österreichischen Filmmuseum und der Murnau-Stiftung für die Erlaubnis zur Veröffentlichung von Filmausschnitten aus der Ostmark-Wochenschau und der UFA-Tonwoche.

Ich danke besonders Herrn Martin Glöckler für die Übergabe des Nachlasses seines Großvaters Herbert Glöckler und ebenso Herrn Christian Rübelt für die Übergabe des Nachlasses seines Vaters Lothar Rübelt an das Bildarchiv der Österreichischen Nationalbibliothek und das Einverständnis zur Veröffentlichung.

Ich danke von Herzen meiner Frau Theresia, unseren Familien und unseren Freunden Maresi und Ernst, Trixi und Herbert, Lisi und Axel, Andrea und Severin, Sigrid und Georg für all die fruchtbaren Gespräche, ihren aufmunternden Zuspruch und ihre Geduld.

Vorwort

Eine Vielzahl von wichtigen historischen Werken zur Geschichte des Nationalsozialismus in Österreich und zur Geschichte des „Anschlusses" ist seit 1945 erschienen. Auf einige grundlegende Werke für meine Arbeit wird in der Literatur verwiesen. Sie bilden den Rahmen und die wissenschaftliche Basis für die erklärenden Texte, die Chronologie und für die Einbindung der Bilder und Bildtexte in einen allgemein geschichtlichen Kontext.

Dieses Buch erhebt nicht den Anspruch einer politischen Geschichte oder Ereignisgeschichte Österreichs von März bis April 1938. Der Beitrag, den es liefern möchte, ist ein anderer: es ist die Darstellung und Analyse von bildlichen und filmischen Dokumenten als Quellen für die Forschung, aber auch als Bilder, die Vorstellungen geprägt haben, und als Geschichtsbilder, die nach wie vor prägend wirken.

Dieses Buch ist ein Plädoyer dafür, Bildern zu misstrauen, und gleichzeitig ein Plädoyer dafür, Bilder zu lesen, und eine bescheidene Anleitung dazu, Bilder lesen zu lernen.

Jubelnde Massen am Heldenplatz, Mädchen und Buben, junge Frauen und Männer in Festtagstracht, Polizisten, Bundesheersoldaten gemischt mit Zivilisten am Straßenrand; Menschen mit strahlenden Gesichtern, die Hände ausgestreckt, „Heil Hitler" schreiend und „Sieg Heil!"; Hitler, stehend im offenen Mercedes auf seiner Triumphfahrt durch Österreich, Hitler am Heldenplatz; das sind die Bilder, die man kennt oder zu kennen glaubt, wenn man an das Wort „Anschluss" denkt, an die Ereignisse des März 1938 und die nationalsozialistische Machtübernahme in Österreich.

Doch neben den scheinbar zahllosen und doch immergleichen Jubelbildern, die unsere Wahrnehmung bestimmen, gibt es eine andere, noch ungeschriebene Geschichte von Bildern, die nicht weniger zahlreich sind und unbekannt.

Es sind Bilder, die nicht in das Propagandabild der Nationalsozialisten passten und die daher keine Aufnahme in die Printmedien der Zeit nach dem „Anschluss" fanden. Es sind Bilder, die Fotografen als Negativmaterial in ihren Archiven schlummern ließen, weil sie ihnen aus technischen oder inhaltlichen Gründen nicht gefielen. Es sind Bilder, die den Wahrnehmungsmustern der Medienindustrie von heute und den bequemen ideologischen Vorstellungen nicht entsprechen. Und es sind Privataufnahmen, die nur langsam den Weg in die Archive finden, weil ihre Besitzer sich bislang nicht von ihnen trennen konnten oder wollten. Umso bemerkenswerter ist es, wenn dies doch geschieht. Ein großer Dank gilt hier den Erben, die den Archiven vertrauen und ihre historischen Dokumente der Allgemeinheit und zukünftigen Generationen zur Verfügung stellen.

Die vergleichende Analyse von veröffentlichten Propagandabildern mit unpublizierten Bildern, die Erläuterung, warum und wie Bilder verwendet oder verworfen wurden, die Darstellung der Rolle der Fotografen, die Bedeutung der Bildtexte und die Einbettung der fotografischen und filmischen Quellen in einen historischen und chronologischen Kontext ist der Gegenstand dieses Buches.

Erst in letzter Zeit wurden viele dieser Quellen in den Archiven neu aufgefunden, sie werden nun bearbeitet, digitalisiert und für die Forschung zugänglich gemacht.

Eine beträchtliche Anzahl von noch niemals und von sehr selten veröffentlichten Fotografien und von unbekanntem Wochenschaumaterial wird in diesem Buch dargestellt und mit dem historischen Ablauf der Ereignisse in Verbindung gebracht: die Vorgeschichte der Anschlussidee, die sozialen und die wirtschaftlichen Probleme der Zwischenkriegszeit und des autoritären Ständestaates, Hitlers mordlüsterne Aggressionspolitik und die letzten Versuche, Österreichs Selbstständigkeit zu retten, die Stunden der Entscheidung im März 1938, die gnadenlose und grauenhafte Demütigung und Verfolgung der österreichischen Juden, die Propagandaschlacht und die Mobilisierung der Massen bis zur so genannten „Volksabstimmung" am 10. April, die Vereinnahmung der Arbeiter am 1. Mai und das wahre Gesicht der „deutschen Volksgemeinschaft" in der Reichspogromnacht in der Nacht vom 9. auf den 10. November 1938.

Wenn dieses Buch ein klein wenig dazu beitragen kann, all diese Bilder neu zu besehen, sie gegen die Intention zu lesen und für eine leise Irritation der nationalsozialistischen Bilderwelt, der realen und der imaginierten, zu sorgen, dann hat es eines seiner Ziele erreicht.

1

Fotografie und Wochenschau im Dienst der NS-Propaganda

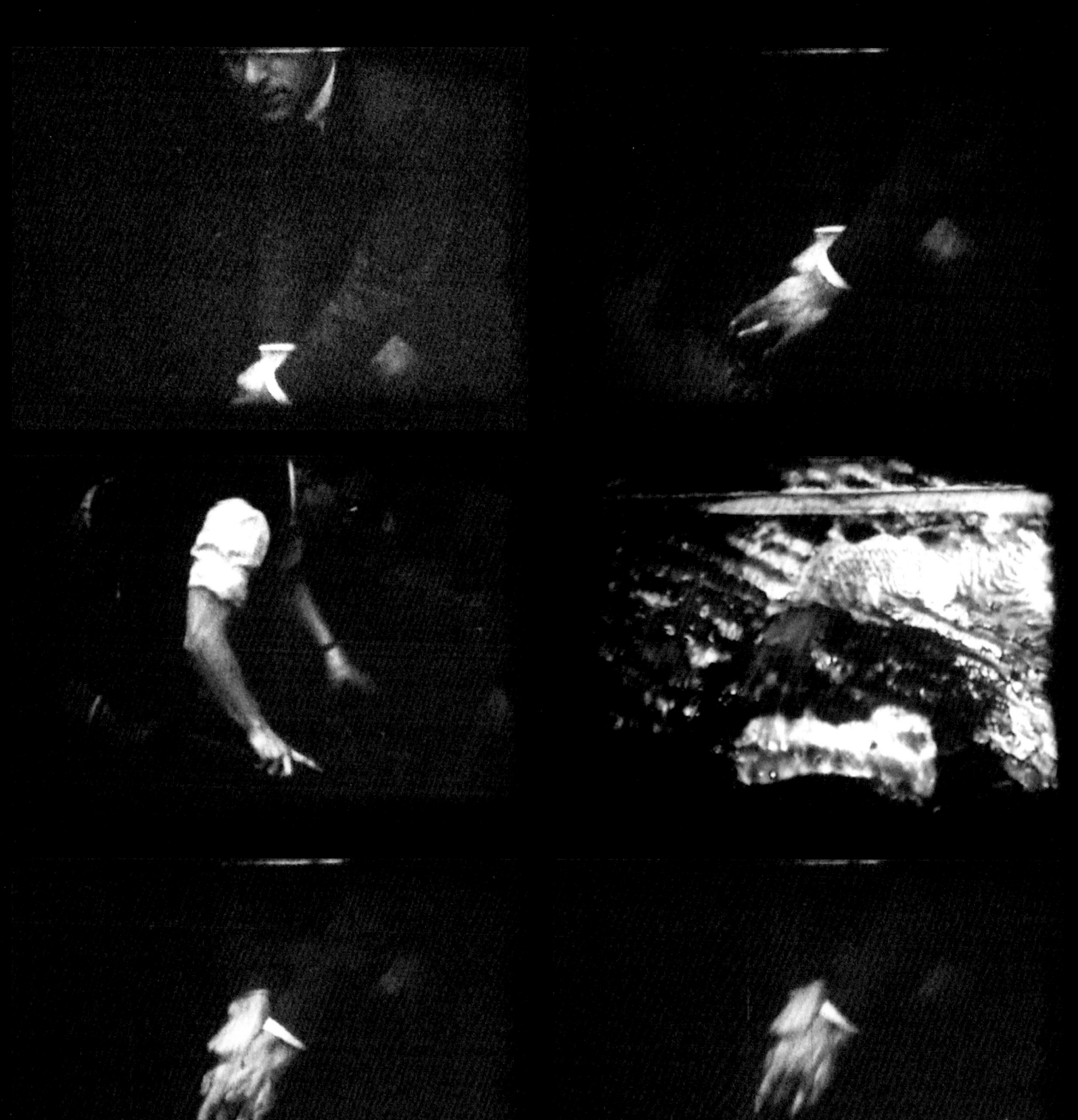

Ein Gesicht taucht auf aus dem Dunkel der Nacht. Ein Mann, niedergebeugt, blickt auf in die Kamera, schaut alle an, die ihn sehen. Dann fährt die Kamera nach unten. Das Gesicht des Mannes, der in die Kamera blickt, verschwindet und seine Hände geraten verschwommen ins Bild. Dann sieht man die Hände, nichts als die Hände. Die Finger sind ausgestreckt, die Kamera blickt über die schwarzen Ärmel, die Ansätze seines weißen Hemdes, auf die schlanken, knöchrigen Finger seiner Hände, die den Boden berühren, sich zu bewegen beginnen. Dann plötzlich ein anderes Bild: ein zweiter Mann, mit Brillen, kniet am Boden, die Ärmel aufgekrempelt, auch seine Hände berühren den Boden, bewegen sich am Boden. Ein neues Bild blitzt auf: ein glitzerndes weißes Etwas, ein Rinnsal über einem Kanalgitter, eine Hand inmitten des Bildes. Wieder sieht man die Hände. Nichts als die Hände des ersten Mannes, dessen Gesicht in die Kamera geblickt hat. Seine Hände, die sich am Boden auf und ab bewegen, seine Hände, die die Straße wischen. Weiß glitzernd rinnt schäumendes Wasser über das Kanalgitter, in dem sich der Mantel eines Mannes spiegelt.

Plötzlich wechselt die Szene, bei gleicher Position der Kamera.

Die Zuseher der Szene geraten ins Bild. Inmitten einer ganzen Schar von Personen blicken freudig lachend zwei junge Frauen in die Kamera. Etwas verdeckt hinter einem kleinen, nur teilweise sichtbaren Hakenkreuz blickt ein Bub ins Bild, eine junge Frau im Bildvordergrund lächelt, bewegt die Hand über den Kopf, streicht sich das Haar. Von einer männlichen Hand hinter ihr nimmt sie etwas in Empfang, blickt auf dieses Etwas, streicht sich das Haar, blickt lächelnd in die Kamera. Für einen ganz kurzen Augenblick hellt das Bild sich auf: die junge Frau, ihr Haar, ihr Blick in die Kamera, die lachenden zwei Frauen hinter ihr. Der Bub ist verschwunden, mit ihm das Hakenkreuz, doch an seiner Stellte sieht man plötzlich alle, die herumstehen, eine fröhlich gaffende Meute: junge Frauen, Mädchen, Männer, jüngere, ältere, mehr oder weniger gut sichtbar. Alle wollen ins Bild, alle sind im Bild.

Alle waren im Bild, doch keiner konnte sie sehen, nicht in Wien, nicht in Österreich, nicht in Deutschland, nicht irgendwo in der Welt. Denn diese Bilder wurden nie publiziert. Ihre Geschichte liest sich wie ein Kriminalroman, der noch nicht zu Ende ist.

In den 1980er-Jahren erwarb Edith Schlemmer, die Filmarchivarin des Österreichischen Filmmuseums, am Wiener Flohmarkt 2 Rollen 9,5-mm-Schmalfilm mit anonymen Privataufnahmen aus den späten 1930er-Jahren.

Das stumme Material, dem keine Dokumentation beilag, wurde unter dem Archivtitel „Österr. 3. Reich" und der Datierung „1937–1938" im Filmmuseum einsigniert und im Archiv gelagert.

Im Dezember 2007 wurde das Material ausgehoben, befundet und mit der Lupe gesichtet. Die Rolle 1 enthält Privataufnahmen, darunter Aufnahmen von der Eröffnung der Reichsbrücke im Oktober 1937; die Rolle 2 beginnt mit 12 Einstellungen der Reichsbrücke und setzt danach mit 174 Aufnahmen aus Wien zwischen März und Mai 1938 fort. Das fragile Material wurde repariert (Perforationsschäden wurden ausgebessert, aufgegangene Klebestellen geflickt), mittels eines 9,5-mm-Projektors ein einziges Mal zur Sichtung auf die Filmleinwand projiziert und von dort mit einer Digitalkamera abgefilmt.

Das „Anschluss"-Material weist insgesamt 58 Klebestellen auf, die wahrscheinlich von einem anonymen Bearbeiter stammen. Die Montage des Films ist nicht durchgehend chronologisch, sondern alterniert zwischen Ereignissen des März, April und Mai 1938.

Im Februar 2008 wurde das Material auf 16-mm-Negativ gesichert, sowie eine 16mm-Positivkopie hergestellt. Nach dieser Sicherung steht es nunmehr für die Forschung zur Verfügung und die inhaltliche Analysearbeit kann beginnen.[1]

Wie kaum ein anderes Quellenmaterial aus dieser Zeit vermitteln die fragmentarischen Filmbilder mit ihrer abenteuerlichen Geschichte einen gespenstisch realistischen Eindruck aus den Tagen im März und April 1938 und lassen gleichzeitig die Lücken und die Brüchigkeit der verbliebenen Reste augenscheinlich werden. Szenen und Orte tauchen auf, die bereits bekannt sind, die sich mit vorhandenen Fotografien und Wochenschaubildern vergleichen lassen, und die dennoch einen ganz anderen Eindruck vermitteln als die publizierten Bilddokumente jener Zeit, weil die Propaganda und ihre bildliche Inszenierung nicht die Haupt-, sondern eine Nebenrolle spielt: als schaurige Kulisse und Hintergrund für Straßenszenen und Situationen des Alltags. Der anonyme

Seiten 12–14:
Österreichisches Filmmuseum.
Unpubliziertes Filmmaterial. Archivtitel:
[Österr. 3. Reich], Signatur 0011-12-0017.

Autor dieser Filme hatte ein besonderes Gespür für das Spannungsverhältnis zwischen Ereignis und Darstellung und löste es in bisweilen surrealistisch anmutenden Bildern auf, etwa wenn er einen Königspudel groß im Bildvordergrund abfilmt, der vor einem altarartig aufgebauten Hitlerbild vorbeiläuft. Eine ganz ähnliche Inszenierung fotografierte Albert Hilscher am Stock-im-Eisen-Platz – direkt gegenüber dem Stephansdom im März/April 1938.

Gewiss, der Autor des Films hatte einen Sinn für Komik, aber nicht nur für Komik. Kehren wir zurück zu unseren Eingangsbildern.

Mit einer Eindringlichkeit, die ihresgleichen sucht, rücken diese nicht länger als fünf Sekunden dauernden Bildfragmente der Eingangssequenz ans Tageslicht, was in den ersten Stunden und Tagen nach der nationalsozialistischen Machtübernahme sich in einigen Straßen Wiens abspielte und noch heute unter dem schrecklichen Begriff „Reibpartie" bekannt ist, eines Begriffs, der nicht nur ein Zeichen für die Verwahrlosung der Sprache jener Zeit ist, sondern die ganze Niedertracht und Perfidie der Handlungen zum Ausdruck bringt, die sich hinter ihm verbergen. „Reibpartien", so nannte man die Ausschreitungen, die der nationalsozialistische Mob sofort nach dem „Anschluss" gegen die Juden in Wien beging (und in den ersten Tagen auch gegen einige Vertreter des „alten" ständestaatlichen Regimes). Zum Gaudium der aktiv sich beteiligenden Zuseher wurden im März 1938 wochenlang Juden gezwungen, mit einer ätzenden Lauge Wiens Straßen zu „reinigen", Plakatwände, Litfaßsäulen und Schaufenster von Parolen für die von Dr. Kurt Schuschnigg, Bundeskanzler des autoritären Ständestaates, geplante Volksbefragung über die Selbständigkeit Österreichs am 13. März 1938 zu säubern, Geschäfte und Auslagen von jüdischen Besitzern zu beschmieren und dergleichen mehr.

Es gibt einige literarische Zeugnisse über diese schrecklichen Ereignisse, für die professionelle Archivarinnen und Archivare noch immer keine geeignete Bezeichnung gefunden haben, aber kaum visuelle Quellen.

Ganz wenige Bilder, die von Opfern oder deren Familienmitgliedern stammen, wurden im Dokumentationsarchiv des österreichischen Widerstands gesammelt.

Zwei Bildserien, die antisemitische Ausschreitungen in Wien im März 1938 dokumentieren, stammen aus dem Archiv der Fotoagentur Hilscher.[2] Nach wie vor sind viele Fragen zu diesen Bildern, die 1938 nicht publiziert wurden, offen. Eines aber haben diese Fotografien, die von einem oder mehreren professionellen Fotografen hergestellt wurden, mit den anonymen Amateurfilmaufnahmen gemeinsam: in beiden Fällen blicken einige der aktiv beteiligten Zuseher in die Kamera, im Wissen, dass sie aufgenommen werden. Die Kamera ist in beiden Fällen ein wesentlicher Teil der Szene, jedoch in ungleicher Ausprägung: die Kameraposition und die nahezu schwarzen Bilder der Amateurszene lassen es wahrscheinlich erscheinen, dass der Filmautor die Aufnahmen leicht verdeckt aus dem Handgelenk machte, möglicherweise, um nicht sofort entdeckt zu werden. Die Fotografien der Agentur Hilscher hingegen sind offen hergestellte Straßenbilder, teilweise sogar ganz gezielt in Pose gesetzte Schaubilder, die wohl nur deshalb im März und April 1938 keine Chance hatten, publiziert zu werden, weil sich die nationalsozialistische Propaganda vor der Abstimmung vom 10. April Ärger mit dem Ausland ersparen wollte.

In den 30er-Jahren fotografierten Albert Hilscher und sein Kompagnon Leo Ernst die wichtigsten politischen Ereignisse und schufen eindrucksvolle Bilder der Zeit. Die nicht genau datierte Aufnahme eines Arbeitslosen mit der Rückentafel „Wer gibt mir Arbeit" wurde zu einem Keypicture der 30er-Jahre und von Albert Hilscher nach 1945 immer wieder verkauft und publiziert. Ernst und Hilscher dokumentierten auch die dramatischen Ereignisse vom 9. bis 11. März 1938 nach der Ankündigung der geplanten Volksbefragung über die Selbstständigkeit Österreichs am Sonntag, dem 13. März 1938. Diesen Aufnahmen ist es zu verdanken, dass einige visuelle und materielle Zeugnisse vom beachtlichen Propagandaaufwand, der in einigen wenigen Tagen von den Dienststellen der Vaterländischen Front geleistet wurde, erhalten geblieben sind. Ernst und Hilscher fotografierten die Plakatwände, die Vorbereitungsarbeiten für die Verteilung von Flugblättern und das Affichieren der Plakate am Josefsplatz, die Lautsprecherwagen, die mit den Parolen der Abstimmung durch die Straßen fuhren.

Bereits in der Nacht vom 11. auf 12. März aber ändert sich schlagartig und endgültig die Situation. Von nun an gibt es in den bildlichen Zeugnissen und Quellen nahezu ausschließlich Doku-

mentationen mit Jubelsszenen über den „Anschluss" und Darstellungen aus nationalsozialistischer Perspektive. Sofort nach der nationalsozialistischen Machtübernahme beginnen die Vorbereitungen für die von Hitler proklamierte „Volksabstimmung" am 10. April, die den bereits vollzogenen „Anschluss" im Nachhinein legitimieren soll. Die Produktion von Propagandabildern
explodiert geradezu in den nächsten Tagen und Wochen.
Es sind diese Bilder, die noch heute die allgemeine Wahrnehmung und auch den Publikations-
markt bestimmen. Dabei wird der propagandistische Charakter dieser Quellen vollständig über-
sehen, obwohl er in der Bildkomposition augenscheinlich und auf der Rückseite der Bilder in
vielen Fällen auch durch den Bildtext belegbar ist.[3]
Faktisch gleichzeitig mit der nationalsozialistischen Machtübernahme erfolgte die Gleichschal-
tung des Rundfunks und der Printmedien in Österreich. Der Bildpublizistik kam dabei eine besonders wichtige Rolle zu.
Seit 1933 war die Fotografie in Deutschland ein wichtiger Teil der Propagandamaschinerie.[4] Das
Schriftleitergesetz vom 4. Oktober 1933 schuf die rechtliche Gleichstellung von Wort- und Bild-
reportern, die nicht mehr dem Fotografenhandwerk zugeordnet wurden, sondern in einem eigenen „Reichsausschuss der Bildberichterstatter" als einer Unterorganisation des Reichsverbands
der Deutschen Presse organisatorisch zusammengefasst wurden. Wer diesem Verband nicht an-
gehörte, war de facto mit einem Berufsverbot belegt. Ergänzt wurde dieses Kontrollinstrument
wurde durch eine Zensurstelle: „Seit März 1933 wurde im Reichsministerium für Volksaufklärung und Propaganda ein ‚Bildpresse-Referat' eingerichtet, das direkte Weisungen an die Bild-
presse erteilte."[5] Genaueste Richtlinien für Aufnahmen, Verbote, Bildauswahl, Anzahl der Bilder,
Abbildungsgröße und Betextung wurden erteilt und in den Bildredaktionen besprochen.
Ein ähnliches Überwachungs- und Kontrollsystem wurde sofort nach dem „Anschluss" in Österreich eingeführt, auch wenn die formelle organisatorische Regelung mit der Gründung einer
Ostmarkorganisation des „Reichsverbands der deutschen Presse" mit einem eigenen Leiter erst
relativ spät Anfang Juli 1938 erfolgte. Für die einzelnen Fachgebiete wurden Vertrauensmänner
ernannt, für die Bildberichterstatter war dies der bekannte Sportfotograf Lothar Rübelt.
Unmittelbar nach dem „Anschluss" wurde jüdischen Fotografen die Ausübung ihres Berufes
verboten und ihre Gewerbeberechtigung gelöscht. Dies betraf etwa 10 % der bestehenden Be-
triebe.[6] Einer der ersten Betroffenen war Leo Ernst, Presse- und Sportfotograf und Kompagnon
von Albert Hilscher. Leo Ernst wurde ohne Angabe von Gründen verhaftet. Am 1. Mai 1938, der
zum ersten Mal in Wien als „Nationaler Feiertag des Deutschen Volkes" mit unglaublichem Aufwand und Mediengetöse von den Nationalsozialisten begangen wurde, ersucht die Frau Leo
Ernsts in einem verzweifelten Brief[7] den Berufskollegen ihres Mannes, Lothar Rübelt, um Hilfe.
Rübelt, der über gute NS-Kontakte verfügt, antwortet am 10. Mai und rät Frau Ernst zur Vorsprache im Hotel Metropol, dem Hauptquartier der Gestapo, wo sie betonen solle, dass es sich
bei ihrem Mann lediglich um eine Schutz- oder Untersuchungshaft handle, da nichts gegen ihn
vorgelegen sei. Rübelt beendet seinen Brief mit den Worten: „Hoffentlich hat Ihre persönliche
Vorsprache nun einen Erfolg. Ich persönlich kann weiter nichts tun, da ja meines Wissens gar
keine Anschuldigung erhoben wurde, die allenfalls zu entkräften wäre."[8]
Danach verliert sich jede Spur zu Leo Ernst in Rübelts Unterlagen.

Albert Hilscher führte nach dem unfreiwilligen Ausscheiden von Leo Ernst die Agentur als Bildberichterstatter weiter.[9] Heute ergibt dieser Quellenbestand in zeitlicher Abfolge ein nahezu lü-
ckenloses Bild von den Propagandafeldzügen der Nationalsozialisten bis zur Abstimmung am
10. April: es beginnt mit den Siegesfeiern der Nationalsozialisten in der Nacht vom 11. auf 12.
März, der Ankunft der deutschen Truppen und der Ankunft Hitlers in Wien und seinem Auftritt
am Heldenplatz. Hilscher fotografiert am 15. Mai am Heldenplatz die Hitlerjugend und eine
Reihe von Invaliden vor dem Eingang der Neuen Burg. Am 18. März dokumentiert Hilscher in einer aufwändigen Serie den „Bayerischen Hilfszug in Wien". In den Arbeiterbezirken Wiens wird
Erdäpfelgulasch verteilt und für die Abstimmung Propaganda gemacht. Die propagandistischen
Massenveranstaltungen mit Göring am Heldenplatz, Goebbels in der Nordwestbahnhalle, dem
Eintreffen der Österreichischen Legion in Wien und die Auftritte Hitlers in Klagenfurt, Salzburg
und Wien fotografiert Hilscher ebenso wie die Vertreter der großen deutschen Agenturen, allen
voran die Agentur Weltbild, deren Generalvertretung Albert Hilscher in Folge übernimmt. Ge-

genüber den „reinen" und expliziten Propagandabildern der nationalsozialistischen Agenturen liegt die Stärke der Aufnahmen Hilschers trotz des propagandistischen Inhalts in den dokumentarisch gehaltenen Fotografien, die manchmal noch an den realistischen Reportagestil der 30er-Jahre erinnern. Dies trifft sowohl auf den fotografischen Teil der Berichterstattung über die Vorbereitungen zur Abstimmung vom 10. April zu, als auch auf einige nicht genau datierte Fotografien, auf die Hilscher im Jahre 1958 wieder zurückgriff, als er 20 Jahre nach dem „Anschluss" sein Archiv neu ordnete und teilweise neue Betextungen für Fotografien aus dem Jahr 1938 schrieb.

Lothar Rübelt war Sportfotograf, ebenso wie Albert Hilscher und Leo Ernst. Er war einer der ersten Pressefotografen mit Leica-Ausrüstung und damit ein Pionier der „schnellen" Fotografie. Von 1935 bis 1945 war Rübelt Mitarbeiter der „Berliner Illustrirten Zeitung". 1936 fotografierte er als offizieller Bildberichterstatter bei den Olympischen Spielen in Garmisch-Partenkirchen und Berlin.

Anfang März 1938 befand sich Rübelt in St. Anton am Arlberg. In seinem Tagebuch finden sich auf der Übersichtsseite des Kalenders im März Einträge über Skirennen in St. Anton und am 12. März als einziger Eintrag ein Hakenkreuz. Auf der Tageskalenderseite vom 11. März findet sich ein Eintrag über die versuchte Kontaktaufnahme mit Harald Lechenperg, einen Fotografen der Berliner Illustrirten Zeitung: „Telephon seit 14 h †" (= Telefon seit 14 Uhr tot), sowie als Originalzitat ein Slogan der Nationalsozialisten: „wir wollen eine freie Wahl". Rübelt, der offenbar über Informationen verfügt, dass etwas passieren wird, verlässt den Urlaubsort St. Anton und fährt am Freitag, dem 11. März, nach Innsbruck. Auf dem Weg kommt er durch Imst und Telfs. „6 Gendarmen Bajonett auf" lautet die Eintragung bei Imst, und „Hakenkreuzfahnen" bei Telfs. Rübelt übernachtet in Innsbruck und fotografiert die ganze Nacht: Männer, die in der Gaststube eines Gasthauses sitzen und Radio hören, um zu erfahren, was in Wien passiert, demonstratives Aufstehen zum Hitlergruß im Wirtshaus, eine nationalsozialistische Versammlung, die sich zur Beratung trifft, nationalsozialistische Siegesfeiern in der Nacht in Innsbruck. Rübelt bleibt die nächsten Tage in Tirol und fotografiert das Eintreffen der deutschen Truppen. Nach Wien kommt er erst im April, um den Abschluss der Wahlpropaganda zu fotografieren. Die vielleicht wichtigste politische Fotodokumentation hat Lothar Rübelt jedoch am 3. April 1938 in Graz hergestellt. Rübelt dokumentiert vollständig in mehreren Bildserien den Auftritt Hitlers in Graz, seine Ankunft, die Wahlrede und seinen Abgang. In Graz kam Rübelt Hitler so nahe, wie kein anderer Fotograf außer Heinrich Hoffmann.

Hitlers Erscheinungsbild war das wichtigste Element der nationalsozialistischen Propaganda.[10] Der Kult um den Führer und Hitlers nahezu neurotisches Verhältnis zu seinem Abbild führten zu einer vollständigen Kontrolle der Bildproduktion und zu einer Reduktion des Führer-Bildes auf einige wenige Bildtypen. Hauptverantwortlich dafür zeichnete Hitlers Leibfotograf Heinrich Hoffmann und dessen Agentur, die den deutschen Bildmarkt beherrschte. Hitler stehend im Wagen, der durch Österreich fährt, Hitler mit der Menge kommunizierend, Hitler als Redner, leicht in Untersicht aufgenommen, um den Führer über die Masse zu erheben, dies sind einige der Posen, mittels derer Hoffmann Hitler in Österreich fotografisch inszenierte.[11] In der Bildsprache, im Bildtypus und in ihrer Botschaft entsprachen die deutschen Wochenschauaufnahmen, die den „Anschluss" zum Inhalt hatten, vollkommen diesem Propagandabild.

Dies gilt es zu bedenken, wenn man die Aufnahmen betrachtet, die Lothar Rübelt von Hitler am 3. April in Graz machte. Ein schreiender, ganz und gar unfreundlicher Führer, mit geöffnetem Mund, mit geschwollenen Tränensäcken unter den hervorspringenden Augen und Zornadern an der Stirn, wild gestikulierend und drohend: dieses Hitlerbild ist so ziemlich das genaue Gegenteil dessen, was die offiziellen Propagandabilder 1938 vermittelten – und noch heute vermitteln, weil keine anderen Bilder öffentlich bekannt sind. Der Bildberichterstatter Lothar Rübelt sympathisierte 1938 offen mit dem Nationalsozialismus und verfasste eine Bildreportage über Hitlers Auftritt in Graz für das Interessante Blatt, die im nationalsozialistischen Sinn propagandistisch nichts zu wünschen übrig lässt.[12] Viele Jahre später sollte Lothar Rübelt seinem Sohn mitteilen, an den Aufnahmen von Hitler in Graz hätte jeder sehen können, dass „der ja wahnsinnig war".[13] Leider trifft dies insofern nicht zu, als diese Aufnahmen für viel zu lange Zeit unpubliziert im Privatarchiv ihres Autors geblieben sind. Doch Lothar Rübelt, der sein gesamtes Archiv penibel in Ordnung hielt, stand dem Interesse der Historiker an seinem Werk aufgeschlossen gegenüber und half selbst noch an der Bearbeitung und an einigen Publikationen mit.[14] Heute befindet sich das gesamte Archiv Lothar Rübelts als Dauerleihgabe im Bildarchiv der Österreichischen Nationalbibliothek und steht für die Forschung zur Verfügung.

Die Aufnahmen, die die privaten Fotografen Hilscher und Rübelt im März und im April 1938 schufen, sind keine Aufnahmen, die außerhalb der Propagandamaschinerie des Nationalsozialismus standen. Aber dennoch liefern sie in ihrer Geschlossenheit als Archiv und mit den vielen kontextuellen Informationen, die durch diese Geschlossenheit erhalten geblieben sind, die Möglichkeit, die offiziellen Propagandabilder zu hinterfragen und neu zu bewerten. Dies gilt in gleichem Maß für einige private Nachlässe, die in den letzen Jahren den Weg in die Archive gefunden haben. Stellvertretend und als ganz besonderes Beispiel verweise ich auf die Aufnahmen von der „Heldenplatzfahrt" einer Gruppe von Anschlussbefürwortern und NS-Sympathisanten aus der Steiermark, die aus dem Nachlass Herbert Glöckler, Forstmeister in Neuberg an der Mürz, stammen.[15]

Mit dem Privatauto fahren die Ausflügler aus der Steiermark über den Semmering nach Wien, um an der Kundgebung am 15. März am Heldenplatz teilzunehmen. Herbert Glöckler fotografiert am Heldenplatz mitten aus der Menge, auf gleicher Höhe mit den jubelnden Massen.

Innerhalb weniger Tage und Stunden, von 9. bis 15. März 1938, hatte sich ein Land und die Stimmung der Bevölkerung dramatisch verändert, hatte ein Staat aufgehört zu existieren. Viele, zu viele jubelten bereits jetzt. Bis zum 10. April sollten es noch mehr sein, mobilisiert durch eine Propagandaschlacht ohnegleichen. Nicht um eine Abstimmung ging es dabei, sondern um das Einbläuen einer Botschaft mit allen nur erdenklichen Mitteln. Die Architekten der nationalsozialistischen Propaganda nützen, wie man heute sagen würde, den öffentlichen Raum für ihre Inszenierungen bei Tag und bei Nacht. Sie beflaggten die öffentlichen Gebäude und die symbolischen Orte bei Tag, sie inszenierten Lichtspiele bei Nacht und schufen so eine allgegenwärtige, permanente Sichtbarkeit für Fahne, Hakenkreuz und Hitlerbild.

Ein Entrinnen aus dieser Hölle war kaum möglich, dazu leisteten die Medien ihren genuinen Beitrag. Zeitungen, Radio und das Kino wurden ebenso zu Propagandainstrumenten, wie die öffentlichen Orte und Schauplätze in der Stadt und am Land.

Im Zeitraum von knapp einem Jahr wurden alle wichtigen Themen der nationalsozialistischen Propaganda durchexerziert und bis in das kleinste Nest eines Landes transportiert, das nun die Bezeichnung Ostmark führte und dessen Auslöschung nur der erste Schritt auf dem vorgezeichneten Weg in den Zweiten Weltkrieg war.

1 Ich danke Michael Loebenstein, Österreichisches Filmmuseum für die Information zur Provenienz des Materials und Alexander Horvath für die Genehmigung zur Veröffentlichung.
2 In diesem Buch wiedergegeben am Ende der Bildchronologie.
3 Auf diese Problematik zum ersten Mal aufmerksam gemacht hat der Wiener Historiker Gerhard Jagschitz: Ders.: *Photographie und „Anschluss" im März 1938*, in: Rathkolb, Oliver; Duchkowitsch, Wolfgang; Hausjell, Fritz (Hg.): Die veruntreute Wahrheit. Hitlers Propagandisten in Österreich '38, Salzburg 1988 (= Schriftenreihe des Arbeitskreises für historische Kommunikationsforschung 1), S. 52–87.
4 Sachsse, Rolf: *Die Erziehung zum Wegsehen. Fotografie im NS-Staat.* o.O. (Dresden) 2003. S. 26ff.
5 Jagschitz, Photographie und Anschluss, S. 56.
6 Ebd. S. 57.
7 Bildarchiv der Österreichischen Nationalbibliothek, Nachlass Lothar Rübelt, Ordner Korrespondenz 1938. Christl Ernst an Lothar Rübelt. Handschriftlicher Brief, 1. Mai 1938.
8 Ebenda, Rübelt an Frau Christel Ernst 10. Mai 1938. Maschinschriftlicher Durchschlag, unsigniert.
9 Mitteilung in der Allgemeinen Photographischen Zeitung 1938, S. 77: „Pressephotographie Leo Ernst – Albert Hilscher. Pressephotograph Albert Hilscher teilt mit, dass Herr Leo Ernst seit 11. März 1938 nicht mehr in seinem Geschäfte tätig ist und das Geschäft nur mehr unter dem Namen Albert Hilscher im gleichen Umfange weitergeführt wird." Leo Ernst entkam der Verfolgung durch die Gestapo, emigrierte und kehrte 1947 als Vertreter einer amerikanischen Agentur nach Österreich zurück.
10 Sachsse, Erziehung zum Wegsehen, S. 33–39.
11 Jagschitz, Photographie und Anschluss, S. 57ff. und 86ff.
12 Das Interssante Blatt. 7. April 1938. S. 3–4.
13 Mündliche Mitteilung von Dr. Christian Rübelt an den Verfasser.
14 Rübelt, Lothar: *Österreich zwischen den Kriegen. Zeitdokumente eines Photopioniers der 20er- und 30er-Jahre.* Text v. Gerhard Jagschitz. Hrsg. u. gestaltet v. Christian Brandstätter. Mit 425 Abb. Wien, München, Zürich 1979.
15 Ich danke Herrn Martin Glöckler für die Übergabe des Nachlasses seines Großvaters an das Bildarchiv der Österreichischen Nationalbibliothek und das Einverständnis zur Veröffentlichung.

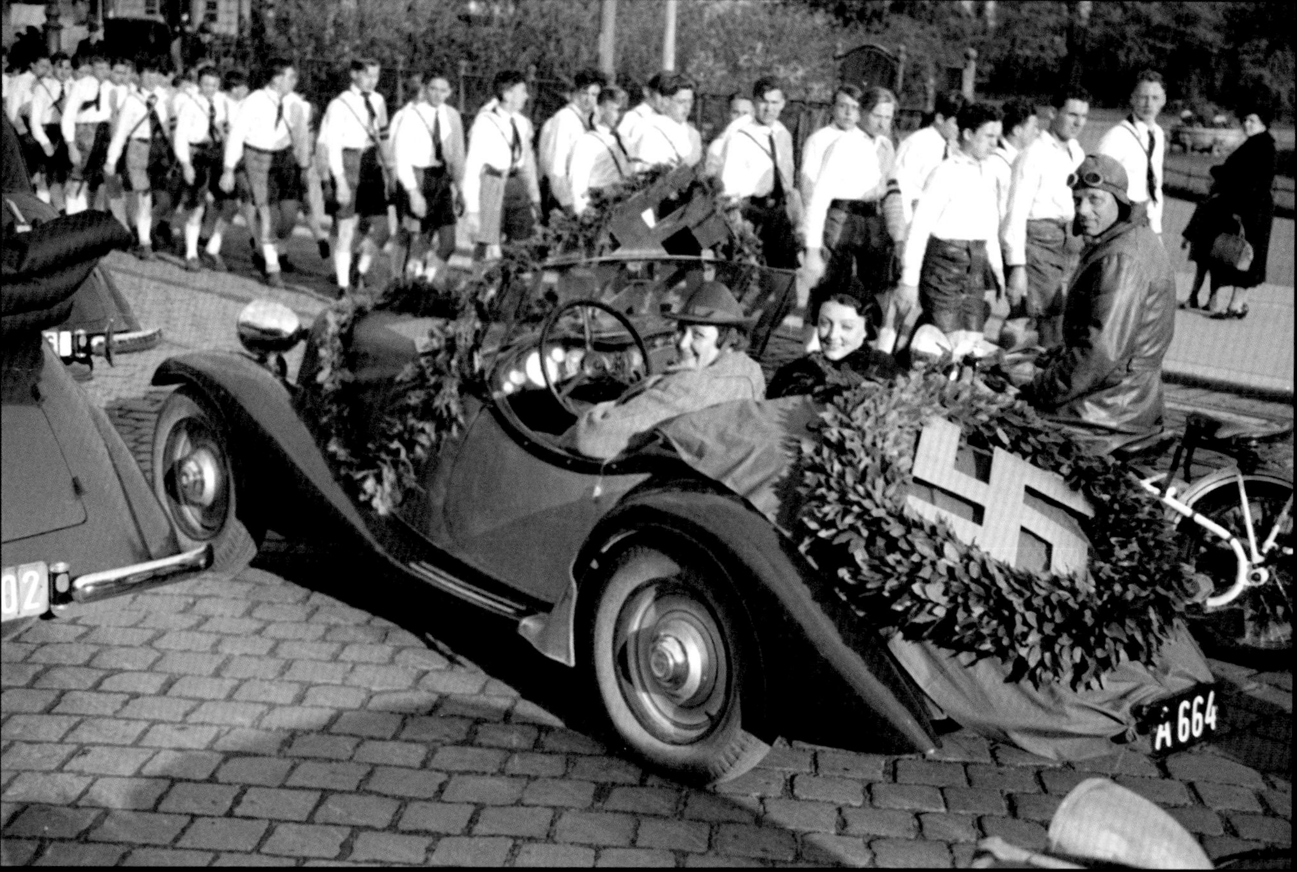

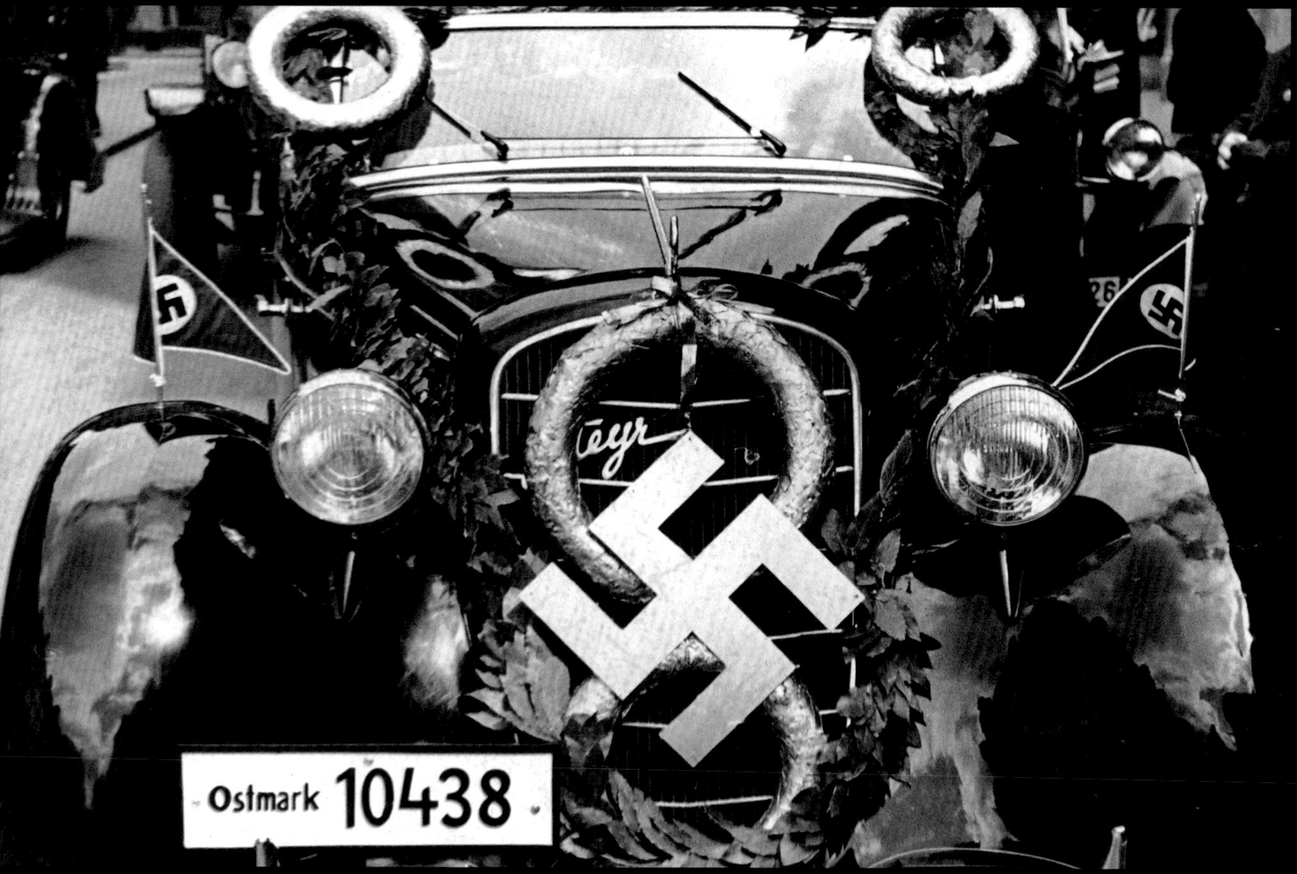
Ostmark 10438

24

2

„Anschluss“ 1918–1938
Eine Bildchronologie

12.11.1918 Ausrufung der Republik

Nach der Beschlussfassung über die Ausrufung der Republik kommt es zu Unruhen vor dem Parlament, die zwei Todesopfer und zahlreiche Verletzte fordern.

25.10.1929 Schwarzer Freitag

Der New Yorker Börsenkrach wird zum Auslöser der Weltwirtschaftskrise.

30.1.1933 „Machtergreifung"

Der deutsche Reichspräsident Paul von Hindenburg ernennt Adolf Hitler zum Reichskanzler.

4.3.1933 Ausschaltung des Parlaments

Bundeskanzler Engelbert Dollfuß nützt eine Verfahrenskrise des Parlaments, um das demokratische System in Österreich außer Kraft zu setzen.

5.3.1933 Reichstagswahlen in Deutschland

Die NSDAP erhält 288 von 647 Mandaten. Mehr als 12.000 österreichische Anhänger Hitlers veranstalten eine Freudenfeier in der Halle des Wiener Nordwestbahnhofes.

7.3.1933 Notverordnung

Alarmiert von den Ereignissen erlässt die Regierung Dollfuß eine Notverordnung auf Grundlage des Kriegswirtschaftlichen Ermächtigungsgesetzes von 1917, die die Versammlungs-, Rede- und Pressefreiheit einschränkt.

Mehrere Notverordnungen folgen in den nächsten Wochen. Dollfuß etabliert ein autoritäres Regime in Österreich, findet einen außenpolitischen Verbündeten im faschistischen Italien.

„Anschluss" 1918

Das Ende des Ersten Weltkriegs bedeutete auch das Ende des multinationalen Großreiches Österreich-Ungarn.

Am 11. November 1918 verzichtete Kaiser Karl auf jeden Anteil an den Staatsgeschäften.

Am 12. November 1918 verabschiedete die provisorische Nationalversammlung im Parlamentsgebäude an der Wiener Ringstraße einstimmig das „Gesetz über die Staats- und Regierungsform von Deutschösterreich", dessen Artikel 1 besagte: „Deutschösterreich ist eine demokratische Republik. Alle öffentlichen Gewalten werden vom Volke eingesetzt."

Der Artikel 2 des Gesetzes über die Staats- und Regierungsform lautete: „Deutschösterreich ist ein Bestandteil der Deutschen Republik."

Die Formulierung des Gesetzes vom 12. November 1918 ist als politische Bekundung, nicht als staats- oder völkerrechtlich relevanter Akt zu werten und vor dem Hintergrund der bevorstehenden Friedensverhandlungen zu sehen.

Noch vor der formalen Auflösung der Monarchie hatte sich am 21. Oktober 1918 eine provisorische Nationalversammlung aus den deutschsprachigen Abgeordneten des zisleithanischen Reichsrats gebildet, die einen zwanzigköpfigen Vollzugsausschuss aus Vertretern der drei großen Parteien, den Sozialdemokraten, den Christlichsozialen und den Deutschnationalen, wählten. Unter dem Vorsitz des Sozialdemokraten Karl Renner übermittelte dieser Staatsrat eine Grußbotschaft an den amerikanischen Präsidenten Wilson und stellte sich als einziges im Namen des österreichischen Volkes zu Friedensverhandlungen befugtes Organ vor. Wilson wurde ersucht, im Sinne der Vierzehn Punkte vom 6. Jänner 1918, in denen die künftige Autonomie der Völker Österreich-Ungarns zu einem Kriegsziel erklärt wird, auf einen Verbleib Südtirols und der deutsch besiedelten Gebiete Böhmens und Mährens bei Österreich hinzuwirken.

Wilson verfolgte jedoch einen pragmatischen Weg und vermied „ausdrücklich ein Bekenntnis zur Errichtung neuer Nationalstaaten auf dem Gebiet der Habsburgermonarchie" (Berger 2007: 51).

Der Begriff „Deutsch-Österreich" war in der österreich-ungarischen Monarchie die inoffizielle Bezeichnung für die mehrheitlich deutschsprachigen Gebiete der westlichen (zisleithanischen) Reichshälfte.

In der Übernahme dieser Bezeichnung für ein namenloses Landes, dessen Grenzen noch nicht gezogen waren und dessen staatliche Eigenständigkeit durch den begründenden Gesetzesakt selbst in Frage gestellt wurde, zeigt sich als ein unlösbarer Grundkonflikt die ganze analytische Problematik, die in Kombination mit der Wirtschaftskrise und dem Aufstieg des Nationalsozialismus letztendlich zum Untergang der Ersten Republik führen sollte.

Dennoch ist die „demokratische Anschlussbewegung" (Botz 2008) nach dem Zerfall der Monarchie 1918/1919 sowohl in den historischen Begründungen als auch in den durchaus unterschiedlichen ideologischen Beweggründen der einzelnen Parteien klar zu unterscheiden von der nationalsozialistischen Umdeutung der Anschlussidee und deren „Erfüllung" im März 1938.

Justizpalastbrand

„Bei gewaltsamen Auseinandersetzungen zwischen Anhängern des Republikanischen Schutzbundes und der Frontkämpfervereinigung im burgenländischen Ort Schattendorf am 30. Jänner 1927 wurden zwei unschuldige Menschen getötet. Die Täter wurden freigesprochen. Im Zuge einer gewaltsamen Demonstration gegen dieses Urteil wurde der Justizpalast in Brand gesetzt. Die Polizei erhielt Schießbefehl, und 89 Personen kamen ums Leben. Die Ereignisse dieser Zeit, die schließlich im Bürgerkrieg des Jahres 1934 mündeten, sollen für alle Zeiten Mahnung sein."

Gedenktafel in der Halle des Justizpalastes, enthüllt am 11. Juli 2007

Oben: Ausrufung der Republik Deutsch-
österreich. Menschenmassen vor dem
Parlament. 12.11.1918. Foto: Lichtbildstelle
Rechts: Justizpalastbrand. Flüchtende
Menschen. 15.7.1927. Foto: Lothar Rübelt

In Österreich steigt die Zahl der arbeitslosen Unterstützungsempfänger vom Rekordwert 273.000 im Jänner 1930 auf 500.000 im Jänner 1933.

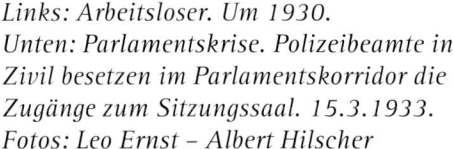

Links: Arbeitsloser. Um 1930.
Unten: Parlamentskrise. Polizeibeamte in Zivil besetzen im Parlamentskorridor die Zugänge zum Sitzungssaal. 15.3.1933.
Fotos: Leo Ernst – Albert Hilscher

*Geschäftsordnungskrise des Parlaments. Auf der Ministerbank v. l.: Staatssekretär Fey,
Handelsminister Jakoncig, Bundeskanzler Dollfuß, Finanzminister Weidenhoffer;
am Rednerpult Abgeordneter König. Vorsitz Parlamentspräsident Karl Renner. 4.3.1933.
Foto: Lichtbildstelle*

12.2.1934 Bürgerkrieg

Über 300 Tote fordern die Februarkämpfe vom 12. bis 17. Februar.

Sie führen zum Verbot der Sozialdemokratischen Arbeiterpartei, der Auflösung des Wiener Landtags und der Verhaftung prominenter Parteimitglieder, darunter Karl Renner, Theodor Körner, Karl Seitz und Otto Glöckel. Otto Bauer und Julius Deutsch gelingt die Flucht nach Brünn, wo sich das „Auslandsbüro der Österreichischen Sozialdemokraten" etabliert.

25.7.1934 Putsch

Der Bundeskanzler des autoritären Ständestaates Engelbert Dollfuß wird von nationalsozialistischen Putschisten ermordet.

30.7.1934 Kabinett Schuschnigg I

Bundeskanzler Kurt Schuschnigg übernimmt zusätzlich die Ressorts Verteidigung sowie Unterricht und Kunst.

11.7.1936 „Juliabkommen"

Österreich schließt ein Abkommen mit dem Deutschen Reich, das den Nationalsozialisten entscheidende Zugeständnisse macht.

12.7.1936 Edmund Glaise-Horstenau wird Minister ohne Portefeuille.

Links: Hugo Jury. Foto: Weltbild
Rechts: Edmund Glaise-Horstenau.
Foto: Max Fenichel

14.2.1937 „Siebenerausschuss"

Ein oppositionelles Direktorium aus Nationalsozialisten und Vertretern des katholisch-nationalen Bürgertums wird von der Regierung toleriert (u.a. Staatsrat Dr. Hugo Jury, der Gauleiter der NSDAP Wien, Dr. Josef Leopold, Rechtsanwalt Dr. Leopold Tavs).

25.6.1937 Dr. Arthur Seyß-Inquart wird als Staatsrat vereidigt.

Mit Kruckenkreuzfahnen verhülltes Republikdenkmal. Februar 1934. Foto: Leo Ernst – Albert Hilscher

Ein Bild mit symbolischer Aussagekraft: Am Republikdenkmal, das am 12. November 1928 zur Erinnerung an die 10 Jahre zuvor erfolgte Ausrufung der Republik enthüllten worden war, werden die Porträts der sozialdemokratischen Politiker Jakob Reumann, Victor Adler und Ferdinand Hanusch mit Kruckenkreuzfahnen verhüllt.
Die politische Absage an den demokratischen Weg der Ersten Republik und die Entmachtung der Sozialdemokratischen Partei und ihrer politischen Anführer findet hier ihren bildlichen Ausdruck, der von zahlreichen Passanten registriert wird.
Das Denkmal wurde noch 1934 abgetragen und am 12. November 1948 neuerlich errichtet.

Österreichs deutscher Weg

Am 11. Juli 1936 unterzeichneten Kurt Schuschnigg und der deutsche Gesandte in Wien, Franz von Papen, das so genannte „Juliabkommen" zwischen Österreich und dem Deutschen Reich, das aus einem öffentlichen Schriftstück und einen geheimen Anhang mit dem bemerkenswerten Titel „Gentlemen's Agreement" bestand. Im öffentlichen Teil anerkannte die deutsche Reichsregierung „die volle Souveränität des Bundesstaates Österreich", während die österreichische Bundesregierung sich zu einer Politik verpflichtete, die „der Tatsache, dass Österreich sich als deutscher Staat bekennt, entspricht".
Was darunter im Einzelnen zu verstehen war, wurde in dem geheimen „Gentlemen's Agreement" festgehalten: Amnestie für die meisten in Gefängnissen und Anhaltelagern befindlichen NSDAP-Mitglieder, Aufnahme von zwei Vertretern der „nationalen Opposition" ins Kabinett des Bundeskanzlers, Zulassung nationalsozialistischer Bücher und Zeitungen aus dem Reich. Kurz gefasst bedeutete das Abkommen nach außen hin und für die Öffentlichkeit bestimmt: keine Einmischung in die inneren Angelegenheiten Österreichs, nach innen aber, wie der Lauf der Ereignisse zeigen sollte: freie Bahn für den Nationalsozialismus in Österreich.

„Siebenerausschuss"

Am Tag der Unterzeichnung des Pakts mit Deutschland wurde Edmund Glaise-Horstenau, NS-Sympathisant und Verbindungsmann zum national-katholischen Lager, zum Minister ohne Portefeuille ernannt und der prodeutsche Guido Schmidt zum Staatssekretär für auswärtige Angelegenheiten. Nach dem Juliabkommen, der damit verbundenen Amnestie und der politischen Umstrukturierung hatte die österreichische NSDAP Bewegungsfreiheit bekommen. Verstärkt wurde dies durch die Konstituierung und Sanktionierung des so genannten Siebenerausschusses, eines oppositionellen Direktoriums, das aus Nationalsozialisten und aus Vertretern des katholisch-nationalen Bürgertums bestand. Der Siebenerausschuss eröffnete ein Büro in der Wiener Innenstadt, Teinfaltstraße Nr. 4, das im Volksmund bald „Braunes Haus" hieß. (Berger: 185) („Anschluss" 1988: 116–117)

Oben: Kabinett Schuschnigg I im Parlament. Schuschnigg bei einer Ansprache, links neben ihm Vizekanzler Fey, 3. v. r. in Uniform Verteidigungsminister Zehner. Juli 1934.

Rechts: Zum Juliabkommen: Links der deutsche Außenminister von Neurath, in der Mitte der österreichische Staatssekretär für auswärtige Angelegenheiten Guido Schmidt und rechts der deutsche Gesandte von Papen. Juli 1936. Fotos: Leo Ernst – Albert Hilscher

5.11.1937 „Hoßbach-Protokoll"
Hitler erläutert der militärischen Führung seine nächsten außenpolitischen und militärischen Ziele.

26.1.1938 „Tavs-Plan"
Bei einer auf Anordnung des Bundeskanzlers durchgeführten Hausdurchsuchung im Büro des „Siebenerausschusses" fällt der Polizei im Jänner 1938 der so genannte Tavs-Plan in die Hände, der die Machtübernahme der Nationalsozialisten im Frühjahr 1938 vorsieht. Der Wiener Rechtsanwalt Leopold Tavs, Mitglied des „Siebenerausschusses" mit besten Verbindungen zu hohen Partei- und Staatsstellen in Deutschland, wird verhaftet und wegen Hochverrats angeklagt, der Inhalt des Dokuments aufgrund der politischen Brisanz – es gab Indizien für die Mitwisserschaft höchster deutscher Stellen – der Öffentlichkeit verschwiegen.

7.2.1938 Der deutsche Gesandte in Wien, Franz von Papen, lädt den österreichischen Bundeskanzler Dr. Kurt Schuschnigg zum Gespräch mit Adolf Hitler nach Berchtesgaden ein.

Franz von Papen. Foto: Weltbild

12.2.1938 „Berchtesgadener Abkommen"
Schuschnigg bei Hitler am Obersalzberg.

16.2.1938 Kabinett Schuschnigg V
Seyß-Inquart wird Innenminister.

17.2.1938 Unruhe im Ausland nach Bekanntwerden des Abkommens. Otto von Habsburg-Lothringen bietet in einem Brief Übernahme der Regierung als über den Parteien stehender Kanzler an.

Reichskanzlei November 1937
An einem düsteren Spätnachmittag legt Hitler am 5. November 1937 in der Reichskanzlei der versammelten militärischen und außenpolitischen Führungsspitze des Deutschen Reiches in einem mehr als zwei Stunden dauernden apokalyptischen Monolog sein „außenpolitisches Denken" dar. Hitler hebt die Bedeutung dessen, was er zu sagen habe, hervor, im Falle seines Todes solle, was nun folge, seine „testamentarische Hinterlassenschaft" sein. Oberst Friedrich Hoßbach, der Hitler am Tisch gegenübersitzt, beginnt Notizen in sein Tagebuch zu schreiben und verfasst anschließend ein Protokoll. Hitler spricht unter anderem von der Notwendigkeit der Erweiterung des deutschen „Lebensraums". Deutschlands Probleme könnten nur mit Gewalt gelöst werden. „Spätestens 1943/45", sollte er dann noch am Leben sein, sei die „deutsche Raumfrage" zu lösen. Deutschland müsse bereit sein, „Österreich und die Tschechei" gegebenenfalls bereits 1938 anzugreifen, dies würde die Sicherheit der deutschen Grenzen erhöhen und die Aufstellung zwölf weiterer Divisionen gestatten. Die Vertreibung von 3 Millionen Menschen aus diesen beiden Ländern schließlich würde Raum und Nahrungsmittel für fünf bis sechs weitere Millionen Menschen bedeuten. (Kershaw 2007: 87–92; Domarus 1965: 747–756)

„Berchtesgadener Abkommen"
Anfang Jänner 1938 begann Hitler seine Schlinge um Österreich immer enger zu ziehen. Ein Treffen Hitlers mit Schuschnigg sollte die Dinge vorantreiben. Diesem Treffen voraus ging eine veritable politische Krise in Deutschland, ausgelöst durch die Heirat Generalfeldmarschall Werner von Blombergs mit – wie sich bald herausstellte – einer Prostituierten, bei der Hitler selbst als Trauzeuge fungiert hatte. Hitler sah sich veranlasst, auf das Ritual seiner großen Reichstagsrede vom 30. Jänner (dem Jahrestag seiner „Machtergreifung") zu verzichten und diese auf den 20. Februar zu verschieben. Die innenpolitische Krise löste er durch einen Gewaltakt, indem er die gesamte Heeresspitze säuberte und sich selbst zum Oberbefehlshaber der Wehrmacht machte. Hermann Göring, der längst ein Auge auf die wirtschaftlichen Ressourcen in Österreich geworfen hatte und vehement auf eine Lösung der Österreich-Frage drängte, wurde als Trost dafür, dass er nicht Kriegsminister geworden war, zum Generalfeldmarschall ernannt. (Kershaw 2002: 101–102) In Bälde sollte Göring in dieser Rolle ein gefundenes Fressen für die Fotografen in Österreich abgeben.

Hitler, der sich über die Reaktionen des Auslands in der Österreich-Frage nicht sicher war und daher den „evolutionären Weg" bevorzugte, setzte vorerst auf politischen Druck. Er stimmte einem Treffen mit Schuschnigg auf dem Obersalzberg zu, fest entschlossen, den österreichischen Bundeskanzler nach allen Regeln der Kunst einzuschüchtern, mit dem militärischen Einmarsch zu drohen und entscheidende Zugeständnisse zu erpressen. In Begleitung Franz von Papens, Hitlers Steigbügelhalter zur Macht in Deutschland im Jahr 1933, und des österreichischen Staatssekretärs Guido Schmidt erschien Schuschnigg von Salzburg kommend am späten Vormittag auf Hitlers Berghof, wo sie von Hitler und drei Generälen, die „besonders martialisch" wirken sollten, erwartet wurden. (Kershaw 2002: 115) Sofort nach der Begrüßung machte Hitler dem aus einer altösterreichischen Offiziersfamilie stammenden österreichischen Bundeskanzler, der höflich und korrekt seine Position vertrat, eine Szene, wie dieser sie noch niemals erlebt hatte. Hitler ließ seinen Gesprächspartner, den er fortwährend „Herr Schuschnigg" nannte, in einem zwei Stunden anhaltenden Redeschwall kaum zu Wort kommen, lud anschließend ganz freundlich zu Tisch, setzte am Nachmittag das Drohgeschrei und den Psychoterror fort und erreichte schließlich, dass Schuschnigg alle Forderungen unterschrieb: Ende der Einschränkungen zur nationalsozialistischen Betätigung, Amnestie für verhaftete Nationalsozialisten, Ernennung Seyß-Inquarts zum Innenminister mit Verantwortung für die Sicherheitskräfte, Ernennung eines weiteren NS-Sympathisanten Edmund Glaise-Horstenau zum Verteidigungsminister, Einleitung von Maßnahmen zur Verschmelzung der österreichischen Wirtschaft mit der deutschen. Für die meisten Forderungen galt der 15. Februar als Erfüllungsdatum, das entscheidende Datum für die propagandistische Umsetzung aber war durch die Reichstagsrede vom 20. Februar vorgegeben, die als Folge des Berchtesgadener Abkommens als erste Rede Hitlers vollständig im österreichischen Rundfunk übertragen wurde.

Kabinett Schuschnigg V. 16.2.1938.
Foto: Leo Ernst – Albert Hilscher

Teinfaltstraße 4, Interieuraufnahme des vom
nachmaligen NS-Gauleiter Josef Leopold
geleiteten Büros der „Nationalen Opposi-
tion". Zimmer des Obmanns des „Siebener-
ausschusses" und dessen Geschäftsführers.

17.2. Gewerkschafter beginnen eine Unterschriftenaktion in den Betrieben für die österreichische Unabhängigkeit. Insgesamt werden ca. 1 Million Unterschriften gesammelt.

18.2. Beginn nationalsozialistischer Demonstrationen in den Bundesländern.

19.2. Fackelzug in Graz mit 8000 Teilnehmern.

20.2. Reichstagsrede Hitlers
Aufgrund des Diktats von Berchtesgaden wird erstmals eine Rede Hitlers vollständig im österreichischen Rundfunk übertragen.

20.2. Vor dem Hauptquartier der Vaterländischen Front Am Hof kommt es zu Schlägereien zwischen dem Vaterländischem Sturmkorps und NS-Demonstranten.

22.2. Rundfunkrede Seyß-Inquarts
In einer Rundfunkrede ruft Seyß-Inquart die Nationalsozialisten „nach dem Ablauf dreitägiger Freudenkundgebungen" zu „innerer Sammlung, Bereitschaft und ernster Arbeit" auf. (Jagschitz 1978: 155)

24.2. Schuschniggs Rede vor dem Bundestag
Der österreichische Bundeskanzler erkennt den Ernst der Lage und antwortet auf Hitlers Reichstagsrede.

24.2. NS-Unruhen, vor allem in Graz.

„Völkische Selbstbestimmung"
Hitlers überlange Reichstagsrede am Sonntag, dem 20. Februar, um 13 Uhr war als direkte Fernsehsendung in Berliner Lichtspieltheatern zu sehen und wurde im Rundfunk in Deutschland und erstmals in Österreich übertragen.

Im zweiten Hauptteil seiner Rede spricht Hitler von „über 10 Millionen Deutschen" an den deutschen Grenzen (gemeint sind: in Österreich und der Tschechoslowakei), von der Missachtung ihrer Rechte auf „völkische Selbstbestimmung" (Hitler nimmt Bezug auf die Vierzehn Punkte Wilsons und deutet diese „völkisch" um) und davon, dass es „auf die Dauer für eine Weltmacht von Selbstbewusstsein unerträglich" sei, dass den „Volksgenossen" ob ihrer Verbundenheit mit dem „Gesamtvolk" „fortgesetzt schwerstes Leid zugefügt" werde.

Schließlich spricht er unter bewusster Vereinnahmung der österreichischen Radiozuhörer als Teil des deutschen Volkes: „Ich möchte an dieser Stelle vor dem deutschen Volke dem österreichischen Bundeskanzler meinen aufrichtigen Dank aussprechen, für das große Verständnis und die warmherzige Bereitwilligkeit, mit der er meine Einladung annahm und sich bemühte, gemeinsam mit mir einen Weg zu finden, der ebenso sehr im Interesse der beiden Länder wie im Interesse des gesamten deutschen Volkes liegt, jenes gesamten deutschen Volkes, dessen Söhne wir alle sind, ganz gleich, wo die Wiege unserer Heimat stand." (Domarus 1965: 801–803)

Diese Meisterleistung an Verlogenheit, die medial bereits über ein „Gesamtreich" transportiert wurde, lieferte den Startschuss für die so genannten nationalsozialistischen Volkserhebungen in Graz und in den Bundesländern und für die endgültige Aushöhlung der österreichischen Unabhängigkeit, die in der Folge von „Hitlers trojanischem Pferd in Österreich" (Berger 2007: 188) betrieben wurde: dem in Folge des Berchtesgadener Abkommens zum österreichischen Innenminister aufgestiegenen Nationalsozialisten Arthur Seyß-Inquart.

Rede Schuschniggs vor dem Bundesrat. 24.2.1938. Foto: Leo Ernst – Albert Hilscher

Links: Arthur Seyß-Inquart bei einer Rundfunkansprache. 22.2.1938. Foto: Willinger
Eine Pose für den Fotografen: Innenminister Seyß-Inquart blickt in staatstragender Rolle als Redner vor dem Radiomikrofon in die Kamera.

Rede Schuschniggs vor dem Bundesrat. 24.2.1938. Foto: Leo Ernst – Albert Hilscher

Erstmals, wohl als Reaktion auf Hitlers Provokation, entschloss sich der österreichische Bundeskanzler zu einer scharfen Replik. In einer ebenfalls vom Rundfunk übertragenen Rede vor dem Bundestag forderte er die Einhaltung der Souveränität Österreichs und stellte unter Anspielung auf die Zugeständnisse des Berchtesgadener Abkommens fest: „Bis hierher und nicht weiter". (Berger 2007: 188) Gegenüber Großbritannien, Frankreich und Italien versicherte Schuschnigg, er habe die Situation im Griff. (Kershaw 2002: 121)

1.3. NS-Kundgebung in Graz, Seyß-Inquart wird in seiner Funktion als Innenminister nach Graz geschickt, um die Lage zu beruhigen.

1.3. Artikel Otto Bauers in der „Arbeiterzeitung" Brünn.
Otto Bauer legt am 1. März die Verhandlungsposition der Sozialdemokraten am gegenüber der Regierung fest:
„Aber so groß die Gefahr ist, so kann sie noch immer abgewendet werden, wenn sich das österreichische Volk ermannt, den Erpressungen Hitlers kraftvollen Widerstand entgegenzusetzen. Ohne die Mitwirkung der Arbeiterschaft ist ein solcher Widerstand freilich undenkbar. Sie ist bereit, gegen Hitler, aber nicht bereit für Schuschnigg zu kämpfen. Für die Arbeiterschaft bleibt das Kampfziel der Freiheit im Inneren mit dem Kampfziel der Unabhängigkeit nach außen untrennbar verknüpft."

3.3. Schuschnigg empfängt nach langem Zögern eine Abordnung der illegalen Gewerkschaften.

4.3. Schuschnigg beschließt im engsten Kreis, am 13. März eine Volksbefragung über die österreichische Unabhängigkeit durchzuführen.

4.3. Der Staatssekretär und Reichsbeauftragte für Österreich, Dr. Wilhelm Keppler, beklagt die mangelnde Durchführung des Berchtesgadener Abkommens.

5.3. Rede Seyß-Inquarts vor NS-Vertrauensleuten in Linz.

6.3. Die Auseinandersetzung Schuschnigg – Seyß-Inquart wegen zunehmender NS-Aktivitäten.

6.3. Schuschnigg setzt die höchsten Beamten der Vaterländischen Front von der geplanten Volksbefragung in Kenntniss.

7.3. Die Vertrauensmännerkonferenz der illegalen Arbeiterorganisationen in Floridsdorf beschließt eine Unterstützung des Kampfes um die österreichische Unabhängigkeit.

Seyß-Inquart in Graz

Der langjährige Korrespondent des „Daily Telegraph" in Wien, George Eric Rowe Gedye erhält nach eigenen Angaben einen Tipp von „Nazi-Bekannten", fährt mit dem Zug nach Graz und beobachtet den österreichischen Innenminister:

„Heil Hitler! Heil Seyß-Inquart! Heil Deutschland! Ein Volk, ein Reich, ein Führer!" Ohne Unterbrechung wurden diese Schlagworte von den im Stechschritt marschierenden Burschen wiederholt: ein schreckenerregender Zug unkontrollierbarer Fanatiker. Mit ihren angespannt starren oder zuckenden Gesichtsmuskeln, ihren glänzenden Augen und totenblassen Gesichtern erwarteten sie im Vorbeimarschieren, daß Seyß-Inquart sein Versprechen, für Beruhigung zu sorgen, brechen und ihren Hitlergruß erwidern würde. Eine volle Viertelstunde lang begnügte sich dieser jedoch damit, mit der Hand bloß gelegentlich zurückzuwinken. Dann aber kam eine Kompanie ausgewählter SA-Männer von ausgezeichnetem Körperbau, die mit der Disziplin von Gardetruppen vorübermarschierten.
„Halt! Rechts um!" brüllte ihr Kommandant, ein langer, höchstens neunzehnjähriger Bursche mit wilden Augen. „Horst-Wessel-Lied!" „Die Fahnen hoch, die Reihen dicht geschlossen" – der Gesang aus vollen Kehlen vollendete das Bild einer militanten Reaktion am Sprung zum endgültigen Sieg. Bei den Worten:

*„Kameraden, die Rotfront und Reaktion erschossen,
Marschier'n im Geist in unsren Reihen mit!"*

ließ Seyß-Inquart die Maske fallen. Mit einem strammen Schritt an Dadieus Seite tretend, hob der Minister für Österreichs Sicherheit seinen Arm zum verbotenen Gruß, den er nun im Namen des Mannes leistete, dessen Lieblingstraum, Österreichs Unabhängigkeit zu zerstören und das Land seinem Willen zu unterwerfen, sich damit der Erfüllung näherte. Ein ohrenbetäubendes Triumphgeschrei erhob sich unter den Marschierenden und der dichten Menge der Zuschauer. Seyß-Inquart hatte endlich Farbe bekannt. Bis zum Schlusse des Aufmarsches stand er nun mit der zum Hitlergruß erhobenen Rechten stramm da und grüßte so die Armeen der Revolte gegen den Kanzler, dem er Treue schuldete.
(Gedye: 246–247)

Rechts: Seyß-Inquart bei seiner Rede im Grazer Parkhotel, links neben ihm Armin Dadieu, der volkspolitische Referent der Vaterländischen Front in der Steiermark. 1.3.1938. Fotoatelier F. Pitner, Graz

Ein Grazer Journalist namens Wagner riet mir, in meinem Hotel zu bleiben und dort seine Benachrichtigung abzuwarten. Die Partei hätte ihm verboten, mir Informationen zu geben, ehe alles bereit war, aus Angst, die Regierung könne ihre Pläne durchkreuzen. Um zehn Uhr abends wurde ich ans Telephon gerufen. „Nehmen Sie sich sofort ein Taxi und kommen Sie ins Parkhotel", hieß es. Das Parkhotel diente den Nazi ganz offen als Hauptquartier. Innen war es mit Hakenkreuzfahnen ausgeschlagen; Männer in Röhrenstiefeln, offensichtlich SA- und SS-Führer, eilten hin und her, während Kuriere ein und aus gingen. Draußen in den finsteren Straßen hörte man das Flüstern der sich sammelnden Menge. Endlich sprang mein Führer vom Tisch auf, ließ sein Gulasch und Bier stehen und sagte: „Los, es beginnt!" Dabei faßte er mich am Arm und zog mich rasch auf die Straße hinaus. „Heute abend speist Seyß-Inquart mit dem Führer der Grazer Nazi, dem jungen Professor Dadieu. Jetzt werden Sie sehen, wie sich unser Minister endlich in seiner wahren Gestalt als hundertprozentiger Nationalsozialist zeigen wird. Nun braucht er endlich nicht mehr die Rolle des ‚Gemäßigten' zu spielen."
(Gedye: 245)

Links: Rede Seyß-Inquarts vor 500 NS-Vertrauensleuten in Linz. V. r.: Seyß-Inquart am Rednerpult, Franz Langoth, Ernst Kaltenbrunner. Karl Breitenthaler. 5.3.1938. Foto: F. J. Weidinger.

Lächelnd beugt sich der österreichische Innenminister über das Rednerpult. Im Bildvordergrund zeigen sich zufrieden die nationalsozialistischen Gesinnungsgenossen als Herren der Lage.

Otto Bauer. Foto: Leo Ernst – Albert Hilscher

Verhandlungen mit Gewerkschaftern

Schuschnigg schildert in seinen Memoiren den Verlauf der Gespräche mit den kommunistischen und sozialdemokratischen Vertrauensmännern am 3. März als „durchaus offen und harmonisch". (Schuschnigg 1978: 62)

Von den bestimmt aber konziliant vorgetragenen Forderungen der Arbeiterdelegation – politische Betätigungsfreiheit, freie Wahlen im Gewerkschaftsbund, legale Zeitung, Wiederherstellung des Zustands der Sozialgesetzgebung von 1933 – akzeptierte Schuschnigg für den Augenblick nur einen ganz kleinen Teil und versprach die Öffnung einer Unterorganisation der Vaterländischen Front für Sozialdemokraten. (Berger 1988: 189)

Vom zweiten Treffen am 8. März wurde in der Presse lediglich berichtet, dass Einigung in wesentlichen Punkten erzielt worden wäre und die Verhandlungen nächste Woche fortgeführt werden würden. (Hopfgartner 1988: 153)

Sozialistische Vertrauensmänner beraten im Floridsdorfer Arbeiterheim über eine Zusammenarbeit mit Bundeskanzler Schuschnigg. 7.3.1938. Foto: Leo Ernst – Albert Hilscher

Chronologie
7.–9. März 1938

7.3. Der österreichische Militärattaché in Rom, Oberst Emil Liebitzky, informiert Mussolini über die geplante Volksbefragung.

8.3. Der österreichische Bundespräsident Wilhelm Miklas wird von Außenminister Dr. Guido Schmidt über die Volksbefragung in Kenntniss gesetzt.

8.3. Schuschnigg informiert Seyß-Inquart über die geplante Volksbefragung.

8.3. Unterredung Seyß-Inquart mit Jury, der ihm Details der geplanten Volksbefragung mitteilt.

9.3. 10:00 Keppler erfährt von der geplanten Volksbefragung, er informiert Hitler noch vor 11:00.

9.3. 12:00 Seyß-Inquart teilt Schuschnigg brieflich seine Ablehnung der geplanten Volksbefragung mit.

9.3. 19:00 Rede Schuschniggs vor Amtswaltern der Vaterländischen Front in Innsbruck: Verkündung der Volksbefragung über die Unabhängigkeit Österreichs am 13. März.

9.3. Abend Werbemaßnahmen der Vaterländischen Front zur geplanten Volksbefragung setzen ein, Verteilung von Flugblättern, Plakate werden affichiert.

9.3. 21:00 Übertragung der Schuschnigg-Rede im Rundfunk.

Schuschnigg in Innsbruck. Gemeinsam mit dem Tiroler Landeshauptmann Josef Schumacher auf dem Weg zum Stadtsaal. 9.3.1938. Foto: Leo Ernst – Albert Hilscher

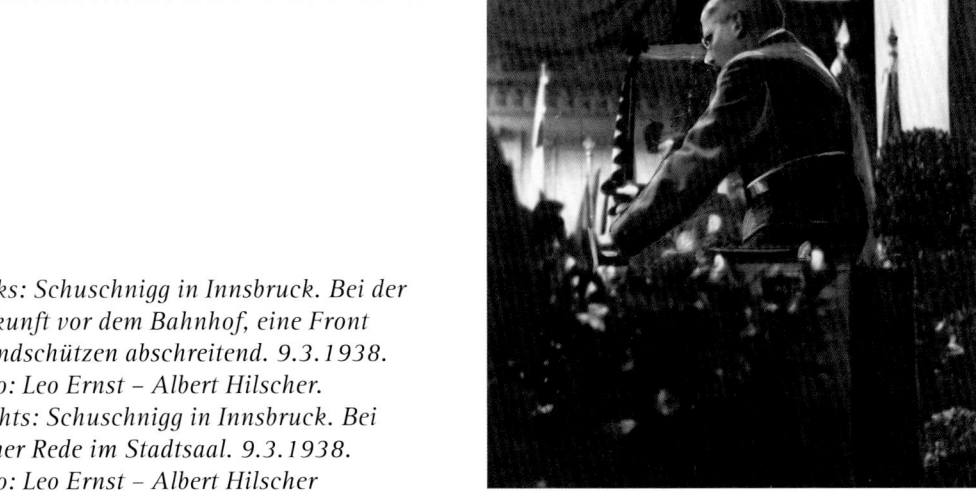

Links: Schuschnigg in Innsbruck. Bei der Ankunft vor dem Bahnhof, eine Front Standschützen abschreitend. 9.3.1938. Foto: Leo Ernst – Albert Hilscher. Rechts: Schuschnigg in Innsbruck. Bei seiner Rede im Stadtsaal. 9.3.1938. Foto: Leo Ernst – Albert Hilscher

Rechts: Propaganda für die von Schuschnigg geplante Volksbefragung. 10./11.3.1938. Foto: Fritz Zvacek
Unten: Propaganda für die von Schuschnigg geplante Volksbefragung. Affichieren von Plakaten auf dem Josefsplatz in Wien. 10./11.3.1938. Foto: Leo Ernst – Albert Hilscher

Propaganda für die von Schuschnigg geplante Volksbefragung. Wahlwerbung der Vaterländischen Front. Abfahrt vom Josefsplatz. 10./11.3.1938. Foto: Leo Ernst – Albert Hilscher

Propaganda für die von Schuschnigg geplante Volksbefragung. Wahlwerbung der Vaterländischen Front in Wien. 10./11.3. 1938. Foto: Leo Ernst – Albert Hilscher

Propaganda für die von Schuschnigg geplante Volksbefragung. Passanten vor einer Litfaßsäule Am Hof in Wien. 10./11.3.1938.
Foto: Leo Ernst – Albert Hilscher

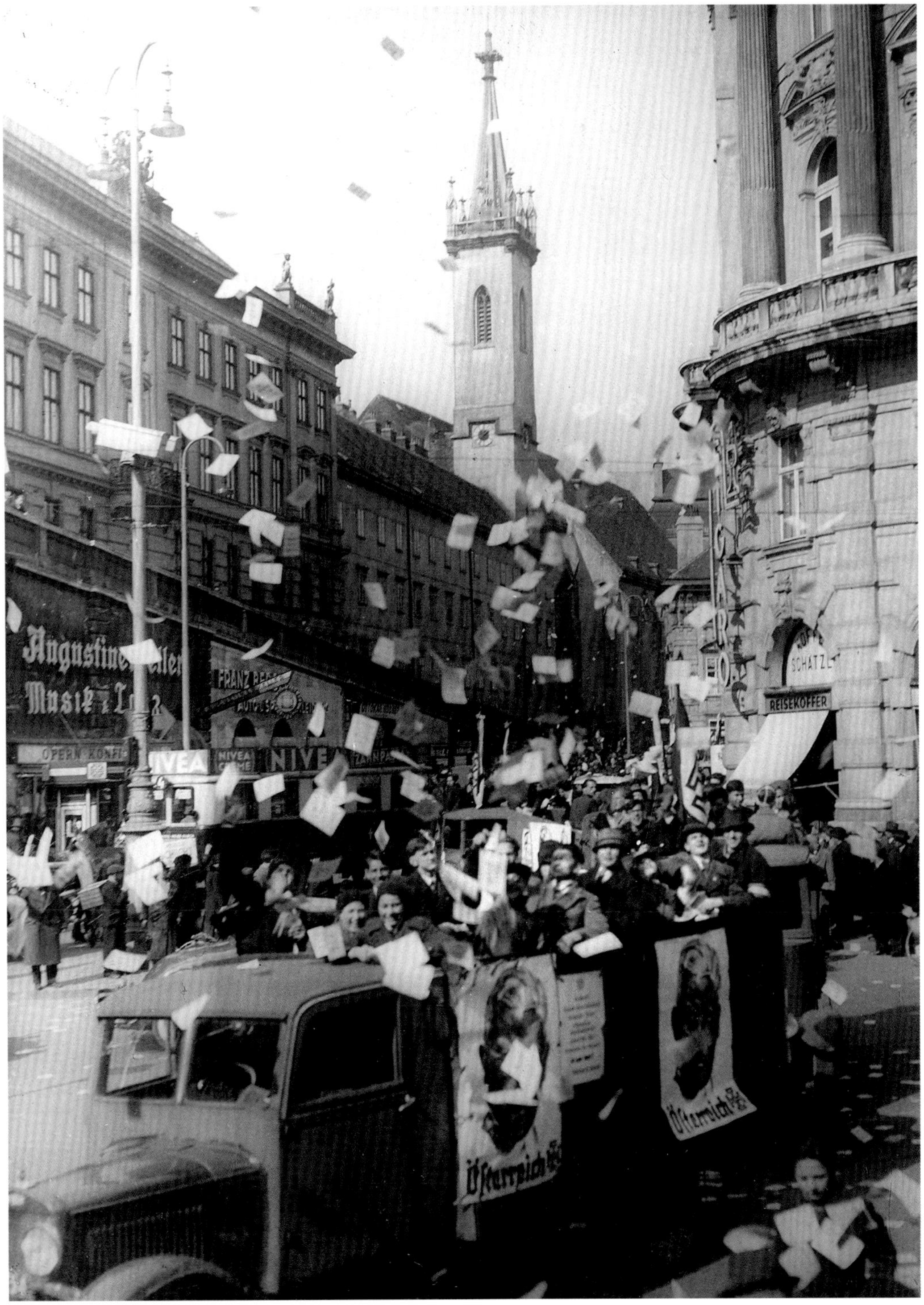

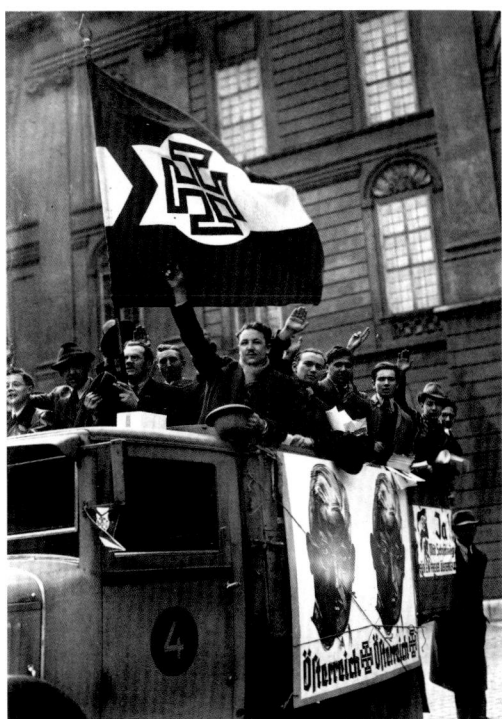

Propaganda für die von Schuschnigg geplante Volksbefragung. Wahlwerbung der Vaterländischen Front vor der Albertina in Wien. 10./11.3.1938. Foto: Leo Ernst – Albert Hilscher

Rechte Seite: Propaganda für die von Schuschnigg geplante Volksbefragung. Großes Transparent „Mit Schuschnigg für Österreich" vor dem Platz Am Hof. 10./11.3. 1938. Foto: Leo Ernst – Albert Hilscher

Propaganda für die von Schuschnigg geplante Volksbefragung. Wahlwerbung der Vaterländischen Front. Abfahrt vom Josefsplatz. 10./11.3.1938. Foto: Leo Ernst – Albert Hilscher

10.3. NS-Kundgebungen in zahlreichen Städten, Demonstrationen vaterländischer und sozialistischer Gruppen.

10.3. Ab den Morgenstunden ist die deutsche Grenze gesperrt.

10.3. Die Vaterländische Front fordert Bundesheertruppen für die Steiermark an, um die Durchführung der Volksbefragung zu gewährleisten.

10.3. 15:00 Kleruskonferenz in Wien: Bekenntnis zur bestehenden Regierung und zur Eigenständigkeit des österreichischen Staates.

10.3. Nachmittag Unterredung Seyß-Inquarts mit dem Staatssekretär für Sicherheit, Dr. Michael Skubl, und Guido Schmidt.

10.3. Abend Unterredung Seyß-Inquarts mit Schuschnigg im Beisein Guido Schmidts.

10.3. Abend Demonstrationen in Wien, Polizei versucht, die Innenstadt abzuschirmen. Gerüchte über Verschiebung der Volksbefragung.

10.3. 18:55 Hitler erteilt die Weisung, die 8. Armee zu mobilisieren.

10.3. Spätabend Lagebesprechung von Funktionären der NSDAP aus den Bundesländern im Hotel Regina in Wien.

Oben: Seyß-Inquart berät sich mit Staatssekretär Skubl. 10.3.1938
Unten: Polizeibereitschaft vor der Staatsoper. 11.3.1938. Foto: Leo Ernst – Albert Hilscher

*Polizei zerniert die Kärntner Straße in Wien.
11.3.1938. Foto: Leo Ernst – Albert Hilscher*

*Unten: Hotel Regina. Wien IX. Hermann-
Göring-Platz (vormals Dollfuß-Platz, heute
Roosevelt-Platz).1939. Foto: Franz Lobinger*

Nacht von 10. auf 11.3. Auseinandersetzungen zwischen Nationalsozialisten und Vaterländischer Front, Straßenschlacht in Linz, Pro-Österreich-Demonstration in Wien bewegt sich auf die Innenstadt zu.

11.3. 2:00 Hitler erteilt die Weisung Nr. 1 für den Einmarsch („Unternehmen Otto").

11.3. 5:30 Skubl teilt Schuschnigg telefonisch mit, dass die österreichisch-deutschen Grenzen dicht seien, Züge angehalten werden und deutsche Truppen an der Grenze stehen

11.3. 6:00 Schuschnigg versucht vergeblich mit Seyß-Inquart Kontakt aufzunehmen

11.3. Morgen Bundesheertruppen aus dem Raum Wien werden in die Steiermark verlegt.

Guido Zernatto.

11.3. 9:00 Der Generalsekretär der Vaterländischen Front und Minister ohne Portefeuille, Guido Zernatto, informiert Schuschnigg über die Situation.

11.3. 9:00 Seyß-Inquart holt Glaise-Horstenau vom Flughafen Aspern ab und erhält Brief Hitlers mit Ultimatum zur Verschiebung der Volksbefragung.

11.3. 10:00 Seyß-Inquart und Glaise-Horstenau überreichen Schuschnigg Hitlers Ultimatum.

11.3. 10:00 Rundfunkmeldung einer Kundmachung: Einberufung von Reservisten des Geburtsjahres 1915, sofern sie 10 Monate Präsenzdienst geleistet haben und ledig sind zu einer Waffenübung. Zweck: Am Tage der Volksbefragung volle Ruhe und Ordnung zu gewährleisten.
Mehrmalige Wiederholung dieser Meldung im Radio.

11.3. Vormittag Herumfahrende Lastwagen der Vaterländischen Front mit österreichischer Marschmusik, Abstimmungsparolen.

11.3. Mittag Fortsetzung der NS-Demonstrationen bei der Oper und in der Kärntner Straße.

Passanten vor dem „Deutschen Eck" in Wien.
11.3.1938. Foto: Leo Ernst – Albert Hilscher

Rechts, oben: Polizei in der Wiener Kärntner Straße. 11.3.1938.
Foto: Leo Ernst – Albert Hilscher
Mitte: Polizei in der Wiener Kärntnerstraße. Auf dem Boden
Flugblätter für die Schuschnigg-Volksbefragung. 11.3.1938.
Foto: Leo Ernst – Albert Hilscher
Unten: Passanten vor der Wiener Oper hören die Radio-
ansprachen. 11.3.1938. Foto: Leo Ernst – Albert Hilscher

Chronologie
11. März 1938

11.3. 11:30 Treffen der Landesleitung der NSDAP.

11.3. Mittag Verhandlungen der Sozialdemokratie/illegalen Gewerkschaften mit Regierungsbeauftragten.

11.3. 12:40 Weisung an das österreichische Bundesheer, zur „Beobachtung" an die deutsche Grenze vorzurücken.

11.3. 13:00 Unterredung Schuschniggs mit Miklas.

11.3. 13:00 Seyß-Inquart und Glaise-Horstenau verlangen erneut die Verschiebung der Volksbefragung, Schuschniggs Rücktritt und Bildung einer Regierung unter Seyß-Inquart.

Nach 13:00 Unterzeichnung der Weisung Hitlers für den Einmarsch, „wenn andere Mittel nicht zum Ziele führen" (Widerstand „mit größter Rücksichtslosigkeit durch Waffengewalt" zu brechen).
Diplomatische Sondierungen Wiens in Paris, London und Rom bringen keine Hoffnung auf Unterstützung.

11.3. 14:00 Schuschnigg informiert Schmidt und Zernatto von seiner Absicht, die Volksbefragung abzusagen.

11.3. 14:30 Miklas trifft im Bundeskanzleramt ein. Schuschnigg ist bereit, die Volksbefragung abzusagen, teilt dies anschließend auch Schmidt und Zernatto mit. Auftrag Schuschniggs an den Generalsekretär der Vaterländischen Front, die Kampagne zu stoppen.

11.3. 14:45 Schuschnigg unterrichtet Seyß-Inquart und Glaise-Horstenau über die Absage der Volksbefragung, weist aber die Forderung nach Rücktritt zurück.

Rechts: Ein selten publiziertes Bild.
Wien, Josefstädter Straße. Propaganda
für die Volksbefragung am 13. März 1938.
10./11.3.1938. Foto: Leo Erst – Albert
Hilscher
Rechte Seite: Flugblatt über die Abhaltung
der Volksbefragung am 13. März 1938.
9.3.1938.

☩ Volk von Österreich!

Zum ersten Male in der Geschichte unseres Vaterlandes verlangt die Führung des Staates ein offenes Bekenntnis zur Heimat.

Sonntag, der 13. März 1938

ist der Tag der Volksbefragung.

Ihr alle, welchem Berufsstand, welcher Volksschichte Ihr angehört, Männer und Frauen im freien Österreich, Ihr seid aufgerufen, Euch vor der ganzen Welt zu bekennen; Ihr sollt sagen, ob Ihr den Weg, den wir gehen, der sich die soziale Eintracht und Gleichberechtigung, die endgültige Überwindung der Parteienzerklüftung, den deutschen Frieden nach innen und außen, die Politik der Arbeit zum Ziele setzt, — ob Ihr diesen Weg mitzugehen gewillt seid!

Die Parole lautet:

„Für ein freies und deutsches, unabhängiges und soziales, für ein christliches und einiges Österreich! Für Friede und Arbeit und die Gleichberechtigung aller, die sich zu Volk und Vaterland bekennen." Das ist das Ziel meiner Politik.

Dieses Ziel zu erreichen, ist die Aufgabe, die uns gestellt ist und das geschichtliche Gebot der Stunde.

Kein Wort der Parole, die Euch als Frage gestellt ist, darf fehlen. Wer sie bejaht, dient dem Interesse aller und vor allem dem Frieden!

Darum, Volksgenossen, zeigt, daß es Euch ernst ist mit dem Willen, eine neue Zeit der Eintracht im Interesse der Heimat zu beginnen; die Welt soll unseren Lebenswillen sehen; darum, Volk von Österreich, stehe auf wie ein Mann und stimme mit

ja!

Front-Heil! Österreich!

Schuschnigg

Verleger: Vaterländische Front (Werbedienst); für den Inhalt verantwortlich: Dr. Fritz Bock; alle Wien I, Am Hof Nr. 4

11.3. 14:45 Beginn einer Serie von Telefonaten Wien–Berlin.

11.3. 15:00 Weisung 1 zum Einmarsch mit der Unterschrift Hitlers wird den zuständigen Militärs erteilt.

11.3. 15:05 Göring ruft nach Rücksprache mit Hitler Seyß-Inquart an, Schuschnigg solle zurücktreten, man erwarte eine neue Bundesregierung mit Seyß-Inquart an der Spitze.

11.3. 15:10 Seyß-Inquart berichtet Schuschnigg, Schmidt und Zernatto und bezeichnet sich als „historisches Telefonfräulein".

11.3 15:15 Schuschnigg trifft Miklas, informiert ihn über den neuesten Stand der Dinge und bietet seinen Rücktritt an, Miklas verweigert.

11.3. 15:20 Neuerliche Unterredung Seyß-Inquart, Glaise-Horstenau und Schuschnigg.

11.3. gegen 15:30 Mitglieder der NS-Führungsspitze kommen ins Bundeskanzleramt, um näher am Ort des Geschehens zu sein.

11.3. 15:30 Miklas berät sich mit Schuschnigg, Schmidt, dem Wiener Bürgermeister Richard Schmitz und dem Altbundeskanzler Dr. Otto Ender.

11.3. um 15:30 Schuschnigg bietet Rücktritt an, Miklas akzeptiert, weigert sich aber, Seyß-Inquart zum Bundeskanzler zu ernennen.

11.3 15:55 Seyß-Inquart telefoniert wieder mit Göring: Schuschnig und sein Kabinett seien bereit zu demissionieren.

11.3. 16:00 Neuerliche Unterredung Seyß-Inquart, Zernatto und Schuschnigg: Es herrscht Einigkeit, dass Seyß-Inquart das Kanzleramt übernehmen soll, um den Schaden zu minimieren; Seyß-Inquart entgegnet, er lasse die Dinge lieber auf sich zukommen.

11.3. 16:15 Seyß-Inquart verlässt das Bundeskanzleramt, Ruhe auf den Straßen.

11.3. 16:30 SA und SS in Uniform auf den Straßen Wiens.

Oben: Frontmiliz (ehemalige Angehörige der Heimwehr und Sturmscharen) bewacht öffentliche Gebäude. 10.3.1938. Foto: Leo Ernst – Albert Hilscher
Unten: Bundesheersoldaten mit Hakenkreuzarmbinden vor dem Niederösterreichischen Landhaus in der Wiener Herrengasse. 11.3.1938. Foto: Leo Ernst – Albert Hilscher

Telefongespräch Hermann Görings mit Arthur Seyß-Inquart, 11.3.1938, 17:26 Uhr

S. / Seyß/: Die Situation ist so: Der Bundespräsident hat die Demission angenommen, er steht aber auf dem Standpunkt, daß er für Berchtesgaden und seine Folgen nur den Kanzler verantwortlich hält, und er möchte daher ..., sondern er möchte die Kanzlerschaft einem Mann wie Ender geben. Es sind augenblicklich die Herren von uns selbst bei ihm, der Klawotschnik (??) /richtig: Globocnik/ usw., und stellen ihm die Situation vor.

G. /Göring/: Ja, also passen Sie auf! Das ändert die ganze Lage! Sagen Sie dem Bundespräsidenten, oder irgend jemand, daß natürlich das völlig anders ist, wie uns mitgeteilt wurde. Der Globocnik teilte in Ihrem Auftrag mit, daß Sie die Kanzlerschaft bekommen hätten.

S.: Ich selbst? Wann hat er das gesagt?

G.: Vor einer Stunde. Er sagte, Sie hätten die Kanzlerschaft und die Partei wäre schon wieder hergestellt, SA, SS wäre schon zur Hilfspolizei aufgerufen usw.

S.: Nein, das ist nicht so. Ich habe dem Bundespräsidenten den Vorschlag gemacht, mir die Kanzlerschaft zu geben, das dauert allgemein 3 bis 4 Stunden. Was die Partei betrifft, so haben wir noch nicht die Möglichkeit, die Partei herzustellen, haben aber die Formationen SA und SS angewiesen, daß sie den Ordnungsdienst übernehmen.

G.: Also, das geht so nicht! Das geht unter keinen Umständen! Die Sache ist jetzt im Rollen, also bitte, es muß jetzt sofort dem Bundespräsidenten mitgeteilt werden, daß er unverzüglich Ihnen die Macht zu übergeben hätte als Bundeskanzler und daß er das Ministerium so anzunehmen hat, wie es gesagt worden war, also Sie Bundeskanzler und das Heer ...

S.: (unterbricht) Herr Generalfeldmarschall, jetzt ist der Mühlmann gerade gekommen, der dort war, darf er Ihnen berichten?

G.: Ja!

– Dr. Mühlmann spricht weiter mit G. –

M.: Die Situation ist so, daß der Bundespräsident noch immer hartnäckig die Zustimmung verweigert und eine diplomatische Aktion, eine offizielle, seitens des Reiches fordert. Wir wollten ihn jetzt, drei Nationalsozialisten, Rodenstock (?), Dreila (?) (gemeint sind Globocnik und Rainer) und ich, persönlich sprechen, um ihm nahezulegen, in dieser aussichtslosen Situation das einzig Mögliche zu tun, nämlich ja zu sagen. Er hat uns nicht einmal vorgelassen. Es sieht insofern also so aus, als ob er keineswegs gewillt wäre nachzugeben.

G.: (kurze Besprechung) Geben Sie mir S. I. /Seyß-Inquart/.

– S. I. führt das Gespräch fort. –

G.: Also bitte folgendes: Sie möchten sich sofort zusammen mit dem Generalleutnant Muff zum Bundespräsidenten begeben und ihm sagen, wenn nicht unverzüglich die Forderungen, wie benannt, Sie kennen sie, angenommen werden, dann erfolgt heute nacht der Einmarsch der bereits an der Grenze aufmarschierten und anrollenden Truppen auf der ganzen Linie, und die Existenz Österreichs ist vorbei! Der Generalleutnant Muff möchte sich mit Ihnen hinbegeben und verlangen, sofort vorgelassen zu werden, und das ausrichten. Bitte geben Sie uns unverzüglich Nachricht, auf welchem Standpunkt Miklas bleibt. Sagen Sie ihm, es gibt keinen Spaß jetzt. Es ist gerade vorhin durch diese falsche Darstellung im Moment angehalten worden, aber jetzt ist die Sache so, daß dann heute nacht der Einmarsch an allen Stellen Österreichs beginnt. Der Einmarsch wird nur dann aufgehalten, und die Truppen bleiben an der Grenze stehen, wenn wir bis 7.30 die Meldung haben, daß der Miklas die Bundeskanzlerschaft Ihnen übertragen hat. (Es folgt ein kurzer gestörter Satz.) ... gleichgültig welche das auch sei, auf sofortige Wiederherstellung der Partei mit allen ihren Organisationen ... (wieder Störung) und lassen Sie dann im ganzen Land jetzt die Nationalsozialisten hochgehen. Sie dürfen überall jetzt auf die Straße gehen. Also bis 7.30 Uhr Meldung. Der Generalleutnant Muff soll mit hingehen. Ich werde sofort Muff dieselbe Weisung geben. Wenn der Miklas das nicht in 4 Stunden kapiert, muß er jetzt eben in 4 Minuten kapieren.

S.: Na gut!

Abschrift aus: „Anschluß" 1938 – Eine Dokumentation, S. 255–256.

Chronologie
11. März 1938 17:00–18:14

11.3. 17:00 Göring telefoniert mit der deutscher Gesandtschaft (Dombrowski) in Wien und erhält die Falschinformation, Seyß-Inquart sei bereits Bundeskanzler. Göring verlangt die Bildung einer Regierung bis 19:30.

11.3. 17:15 Der deutsche Staatssekretär im Auswärtigen Amt, Wilhelm Keppler, trifft in Wien ein.

11.3. 17:26–7:31 Göring telefoniert mit Seyß-Inquart, der noch nicht Bundeskanzler ist. Göring befiehlt Seyß-Inquart, mit Generalleutnant Wolfgang Muff (deutscher Militärattaché in Wien) zu Miklas zu gehen und ein neues Ultimatum zu stellen: Seyß-Inquart muss bis 19:00 Bundeskanzler sein.

11.3. 17:40 Muff übermittelt Miklas das Ultimatum, trifft Schmitz, begegnet Keppler, der ebenfalls zu Miklas geht.

11.3. 17:45 Keppler erneuert nochmals das Ultimatum, bis 20:00 und erwähnt die deutsche Truppenkonzentration.

11.3. 18:00 Rücktritt Schuschniggs, Beginn der Verhandlungen um die Neubestellung des Bundeskanzlers; Miklas weigert sich, den von Berlin gewünschten Seyß-Inquart zu berufen. SA umstellt das Bundeskanzleramt.

11.3. 18:00–18:14 Der österreichische Rundfunk berichtet über die Nichtabhaltung der Volksbefragung.

11.3. Abend Demonstrierende Nationalsozialisten in der Wiener Innenstadt und in den Bundesländern; immer mehr Hakenkreuzfahnen werden entrollt.

11.3. 18:28 Göring telefoniert mit Keppler, dieser berichtet von der erfolglosen Mission Muffs bei Miklas. Göring: Seyß-Inquart soll Miklas absetzen und mit dem Einmarsch deutscher Truppen drohen.

11.3. 18:31 Keppler bei Miklas, dort auch Schuschnigg. Keppler leitet die Drohung Görings weiter.

11.3. 18:34 Göring telefoniert wiederum mit Keppler, erfährt von neuerlicher Ablehnung Miklas'; Göring spricht mit Seyß-Inquart, dieser solle endlich die Macht übernehmen.

11.3. 19:00 Miklas empfängt Generaltruppeninspektor General der Infanterie Sigismund Schilhawsky, der eine Aufforderung zur Regierungsbildung ablehnt.

11.3. 19:30 Der Staatssekretär für Landesverteidigung, General der Infanterie Wilhelm Zehner, gibt den Auftrag, die Kommandos zu verständigen: „Wenn deutsche Truppen die Grenze überschreiten, haben sich die Truppen des Bundesheeres in der allgemeinen Richtung Osten zurückzuziehen; es darf kein Schuss abgegeben werden."

11.3. 19:30 Ein Grenzpolizist meldet, dass die deutschen Truppen dabei sind, die Grenze zu überschreiten.
Staatssekretär Skubl teilt fälschlicherweise mit, dass deutsche Truppen bereits die Grenze überschritten hätten.

11.3. 19:30 Miklas ersucht Schuschnigg um eine Radioansprache, er solle über die Vorkommnisse des Tages berichten, gegen die Anordnungen des Deutschen Reiches protestieren und verkünden, dass Österreich der Gewalt weiche.

11.3. Abend Die Unruhe nimmt auch bei den Demonstranten am Ballhausplatz zu, Parolen werden immer lauter.

11.3. 19:45 Keppler trifft erneut Miklas, der sich noch immer weigert, Seyß-Inquart zum Bundeskanzler zu ernennen.

In Innsbruck werden in der Nacht die Radionachrichten über die politischen Vorgänge abgehört. Nacht vom 11. auf 12. März 1938. Fotos: Lothar Rübelt

NS-Siegesfeier in Innsbruck. Zahlreiche
Menschen, die Arme zum Hitlergruß erho-
ben. Transparent „Alles für Österreich ohne
Schuschnigg". 11.3.1938. Foto: Leo Ernst –
Albert Hilscher

Nächtliche nationalsozialistische Kundgebung in der Innsbrucker Maria-Theresien-
Straße. 11./12.3.1938. Foto: Lothar Rübelt

11.3. 19:47 Abschiedsrede Schuschniggs im Rundfunk.

11.3. 19:57 Göring telefoniert mit Seyß-Inquart: G: „Also gut, ich gebe den Befehl zum Einmarsch, und dann sehen Sie zu, dass Sie sich in den Besitz der Macht setzen."

11.3. 20:00 6000 SA-Männer und 500 SS-Männer vor dem Bundeskanzleramt.

11.3. 20:20 Seyß-Inquart gibt im Radio bekannt, dass er sich als Innen- und Sicherheitsminister nach wie vor im Amt befinde, es sei kein Widerstand gegen allfällig einrückende deutsche Truppen zu leisten.

11.3. 20:45 Hitler erteilt Weisung 2, bei Tagesanbruch einzumarschieren.

11.3. 20:50 Durch Gerüchte vom begonnenen Einmarsch wollen zahlreiche Personen ausreisen, der Zug nach Pressburg ist überfüllt, viele müssen auf den Zug nach Brünn und Prag um 23:15 warten.

11.3. 21:00 Telefonat Göring mit Keppler, Seyß-Inquart soll ein vorbereitetes Telegramm mit der Bitte um Entsendung deutscher Truppen schicken. Seyß-Inquart weigert sich.

11.3. 21:00 SA und SS besetzen das Rundfunkgebäude in Wien, das Haus der Vaterländischen Front Am Hof und organisieren Fackelzüge über die Ringstraße.
Ähnlich Szenen spielen sich auch in anderen österreichischen Städten ab.

11.3. 21:00 50 SS-Männer befinden sich mit Erlaubnis von Seyß-Inquart innerhalb des Bundeskanzleramts.

11.3. Kurz nach 21:00 Seyß-Inquart geht persönlich zu Miklas, um sich zum Bundeskanzler ernennen zu lassen.

11.3. Kurz vor 22:00 Der Zug nach Pressburg steht am Grenzbahnhof Marchegg, tschechische Behörden sperren den Grenzübergang.

Spontane Siegesfeiern der Nationalsozialisten in Wien. Ein Polizist mit Hakenkreuzarmbinde wird hochgehoben. 11./12.3.1938. Foto: Albert Hilscher

*Auf der Straße hörten wir Schuschniggs Abschiedsrede, mit seinen letzten Worten: „Gott schütze Österreich!" Leider hat Gott seine Worte nicht gehört. Und dann kam es zu einem Bild, das ich sicher wie viele andere traurige Bilder dieser Zeit nie vergessen werde. Es war ein richtig unheimlicher Moment. Ich sah, wie viele Polizisten ihre Uniformtaschen öffneten, die Nazi-Armbinden herauszogen und anlegten. Da sah man deutlich, wie gut dieser Moment von einigen schmutzigen Politikern vorbereitet war.
(Weber 2007: 372)*

Rechts: Spontane Siegesfeiern der National-
sozialisten in Wien. Menschenmenge bei
einer Autobushaltestelle, die Arme zum
Hitlergruß erhoben. 11./12.3.1938.
Foto: Dietrich
Unten: HJ marschiert in Wien.
11./12.3.1938. Foto: Albert Hilscher

11.3. 22:00 Seyß-Inquart unterbricht das Gespräch Miklas – Schuschnigg, um den beiden mitzuteilen, dass Göring Befehl zur Sendung des Telegramms gegeben hat. Inhalt: deutsche Truppen sollen die Ordnung in Österreich wiederherstellen.

11.3. 22:00 Miklas stimmt der Regierungsumbildung durch Seyß-Inquart zu.

11.3. 22:25 Italiens Staatschef Benito Mussolini erklärt sein Desinteresse am weiteren Schicksal Österreichs.
Hitler ist maßlos erleichtert.

11.3. 23:14 Rundfunkmeldung: Miklas betraut Seyß-Inquart mit der Führung des Bundeskanzleramtes.
Verhaftung von Bürgermeister Schmitz, eine Hakenkreuzfahne wird auf dem Rathaus aufgezogen.
In Wien und den Landeshauptstädten: Hakenkreuzfahnen, Massen, Fackelzüge in der Nacht vom 11. und 12. März.

11.3. 23:30 Miklas ernennt Seyß-Inquart zum Bundeskanzler, der sein Kabinett zusammenstellt und Schuschnigg darüber informiert.

11.3. 23:45 Miklas ernennt Kabinett Seyß-Inquart.
Damit sind alle deutschen Forderungen erfüllt.

12.3. Kurz vor 2:00 Schuschnigg, Miklas und die ehemaligen Kabinettsmitglieder verlassen das Bundeskanzleramt.
Seyß-Inquart begleitet Schuschnigg,
Glaise-Horstenau begleitet Schmidt.

12.3. 2:00 Regierung Seyß-Inquart steht auf dem Balkon des Bundeskanzleramts.

12.3. Nacht Radioreportage von Theo Ehrenberg „Stimmungshörbild vom Umbruch".

12.3. 2:30 Hitler wird geweckt, befiehlt verärgert, den Vormarsch der deutschen Truppen nicht mehr zu stoppen.

Oben und unten: Siegesfeiern der Nationalsozialisten in Wien. 12./13.3.1938.
Fotos: Albert Hilscher

Oben: Begeisterung auf den Straßen Wiens.
11./12.3.1938. Foto: Albert Hilscher
Links: Spontane Siegesfeiern der National-
sozialisten in Wien. NS-Trupp auf einem
Lastwagen. 11./12.3.1938. Foto: Dietrich

Das Kabinett Seyß-Inquart auf dem Balkon
des Bundeskanzleramtes in Wien.
12.3.1938. Foto: Dietrich

12.3. 4:30 Zwei Maschinen landen in Aspern: eine mit 27 schwerbewaffneten SS-Männern, aus der anderen steigen Reichsführer-SS Heinrich Himmler, sein Stabschef SS-Gruppenführer Karl Friedrich Otto Wolff, der Chef der Sicherheitspolizei Reinhard Heydrich, SS-Oberführer der Ordnungspolizei Kurt Daluege, Oberstleutnant der Schutzpolizei August Meißner und Heydrichs engster Mitarbeiter Walter Schellenberg.
Erste Verhaftungswelle beginnt noch in der Nacht.

Die Spitze der Deutschen Wehrmacht unter Oberst Schörner (2.v.r.) bei Zirl in Tirol. 12.3.1938. Foto: Lothar Rübelt

12.3. 5:30 Der „Freundschaftsbesuch" der deutschen Truppen beginnt.

12.3. 7:00 Telefonat Seyß-Inquart – Hitler über Einmarsch, geplantes Treffen abends in Linz.

12.3. 7:00 Seyß-Inquart informiert Miklas über das Eintreffen Hitlers in Linz am Abend.

12.3. 8:00–9:00 Der Großteil der 8. Armee hat die Grenze überschritten.

12.3. 8:15 Hitler verlässt den Flughafen Berlin-Tempelhof Richtung München.

12.3. 9:00 Die 2. Panzerdivision erreicht die Grenze.

12.3. 9:00 Zwei Transportgruppen der Luftwaffen starten aus Berlin-Tempelhof Richtung Wien-Aspern mit zwei Kompanien des Wachbataillons „Hermann Göring" an Bord.

12.3. 9:30 Vorstellung der neuen Beamten bei Seyß-Inquart im Bundeskanzleramt.

Links und rechts: Einmarsch der Deutschen Wehrmacht in Tirol. 12.3.1938. Fotos: Lothar Rübelt

Links und unten: Einmarsch der Deutschen Wehrmacht in Tirol. 12.3.1938.
Fotos: Lothar Rübelt

*Einzug von deutschen Truppen
in Innsbruck. 12.3.1938.
Foto: Lothar Rübelt*

12.3. Vormittag Eine gewaltige Verhaftungswelle läuft, erleichtert durch die „Schoberkartei" (österreichische Polizeiakten) und eine Namensliste der sozialdemokratischen Aktivisten. Juden und bekannte Gegner des NS müssen Straßen von den Spuren der geplanten Volksbefragung säubern.
SA-Männer halten die nach Osten fahrenden Züge auf.
Plünderungen von jüdischen Geschäften und Warenhäusern
SS besetzt die Synagoge in der Seitenstettengasse in Wien.

12.3. 10:00 Hitler trifft in Begleitung von General Wilhelm Keitel mit dem Flugzeug in München ein.

12.3. 10:15 Deutsche Luftwaffe landet in Aspern, vorher Abwurf von Propagandamaterial.

12.3. 11:30–12:15 Erste Sitzung des neuen Ministerrates im Bundeskanzleramt. Teilnehmer: Bundeskanzler Dr. Arthur Seyß-Inquart, Dr. Edmund Glaise-Horstenau (Vizekanzler), Dr. Wilhelm Wolf (Auswärtige Angelegenheiten), Dr. Franz Hueber Justiz), Dr. Oswald Menghin (Unterricht), Dr. Hugo Jury (Soziale Verwaltung), Dr. Rudolf Neumayer (Finanzen), Ing. Anton Reinthaler (Land- und Forstwirtschaft), Dr. Hans Fischböck (Handel), Staatssekretär Dr. Michael Skubl (Sicherheit)

12.3. 12:00 Goebbels verliest Proklamation Hitlers im Rundfunk.

12.3 12:00 Hitler verlässt München, begibt sich auf den Weg nach Braunau.

12.3. 12:10 Erste deutsche Truppen treffen in Linz ein.

12.3. 12:30 Hitler trifft in Mühldorf/Inn ein (Hauptquartier der 8. Armee).

12.3. Nach 12:30 Seyß-Inquart trifft zu einer „Siegesfeier im kleinen Kreis" im Hotel Meißl & Schaden (Wien) ein.

Rechts: Ostmark-Wochenschau 12/1938. Hitlers Ankunft in Österreich. Fahrt über Braunau nach Linz. 12.3.1938.

Oben: Deutsche Truppen landen in Aspern.
12.3.1938. Foto: Leo Ernst – Albert
Hilscher
Rechts: Hitler am Münchner Flughafen,
kurz vor der Weiterfahrt nach Mühldorf.
Im Fonds des Wagens General Keitel.
12.3.1938. Foto: Associated Press

Chronologie
[12. März 15:30–13. März 3:00]

12.3. 15:30 Seyß-Inquart, Himmler und Keppler machen sich auf den Weg nach Linz, um Hitler zu treffen.

12.3. Kurz vor 16:00 Hitler passiert die österreichische Grenze.

12.3. 16:00 Hitlers Ankunft in Braunau.

12.3. 17:00 Vorhut der deutschen Truppen trifft in St. Pölten ein.

12.3. 17:07 Seyß-Inquart kommt in Linz an, mit ihm Himmler, Hueber, Glaise-Horstenau, Keppler.

12.3. 18:40 Hitlers Ankunft in Linz.

12.3. 19:00 Fackelzüge in zahlreichen Städten Österreichs.

12.3. 19:00 Gespräch Hitler – Seyß-Inquart.

12.3. 20:00 Großkundgebung in Linz, Reden von Seyß-Inquart und Hitler.

12.3. 23:50 Seyß-Inquart fährt nach Wien, Hitler übernachtet in Linz.

12.3. gegen Mitternacht Ein Vorkommando der 8. Armee trifft in Wien ein.

13.3. 1:20 Generalleutnant Heinz Guderian, kommandierender General der Panzertruppen, trifft in Wien ein.

13.3. 2:15 Vorhut der 2. Panzerdivision trifft in Wien ein.

13.3. 3:00 Deutsche Truppen erreichen Wien. Guderian nimmt den Vorbeimarsch der Vorhut ab.

Rechts: Hitler in Linz. Links am Balkon
August Eigruber, rechts Seyß-Inquart.
12.3.1938. Foto: Albert Hilscher

70

Links: Hitler fährt an der Spitze einer Wagenkolonne durch Linz. Die Straßen sind gesäumt mit zahlreichen grüßenden Menschen. 12.3.1938. Foto: Weltbild
Unten: Hitler in Linz. 12.3.1938. Foto: Weltbild

*Oben: Die ersten
deutschen
Panzerfahrzeuge
in Österreich.
13.3.1938.
Foto: Albert
Hilscher*

*Mitte und unten:
Deutsche
Truppen in
St. Pölten.
13.3.1938.
Fotos: Albert
Hilscher*

Einzug von Truppen der Deutschen Wehrmacht in Wien.
Ein Panzerwagen wird von Wiener Jugendlichen besichtigt.
13.3.1938. Foto: Albert Hilscher

13.3. 8:00/9:00 Staatssekretät Skubl bietet seinen Rücktritt an, Ernst Kaltenbrunner wird sein Nachfolger.

13.3. Vormittag Vereidigung von zusätzlichen Regierungsmitgliedern (Kaltenbrunner, Klausner, DDr. Friedrich Wimmer, Oberst Maximilian Angelis).

Ernst Kaltenbrunner. 1938. Foto: Weltbild

13.3. 9:40 Eintreffen des Reichsjugendführers Baldur von Schirach am Wiener Westbahnhof, Empfang durch ca. 4000 Jugendliche.

13.3. 10:00/11:00 Gespräch Seyß-Inquart – Miklas. Miklas: „möchte kein Hindernis sein".

13.3. Vormittags Ausarbeitung des Gesetzes über die Wiedervereinigung Österreichs mit dem Deutschen Reich.

13.3. Gegen Mittag Gauleiter (von Rheinpfalz und Saar) Josef Bürckel wird von Hitler zum kommissarischen Leiter der NSDAP in Österreich ernannt.

13.3. Beginn des Austausches von Straßentafeln in Wien.

13.3. Mittag Hitler in Leonding.

Kundgebung der HJ mit Baldur von Schirach am Heldenplatz in Wien. 13.3.1938. Foto: Dietrich

Oben: Hotel Weinzinger, Linz: „An diesem Schreibtisch wurde das Anschlussgesetz von Adolf Hitler unterschrieben". März 1938.
Links: Hitler im offenen Wagen vor der Pfarrkirche Leonding. 13.3.1938. Foto: Heinrich Hoffmann

13.3. 15:00 Miklas verweigert seine Unterschrift unter das „Anschlussgesetz", Seyß-Inquart ersucht Miklas brieflich um Rücktritt.

13.3. 15:00 Rücktritt Miklas, ebenfalls brieflich an Seyß-Inquart.

13.3. Gegen 16:00 Kurze (und einzige) Ministerratssitzung, Mitteilung von Rücktritt Miklas und Anschlussgesetz.

13.3. Kurz vor 17 Uhr Zweite und letzte fünfminütige Sitzung des Ministerrats unter Seyß-Inquart. Mitteilung von Rücktritt Micklas' und Anschlussgesetz.

13.3. 17:00 Telefonat Hitler – Keppler, der Anschluss sei endgültig vollzogen. Hitler zitiert Keppler und Seyß-Inquart abends nach Linz.

13.3. 17:30 Defilee von Parteigenossen vor dem Hotel Weinzinger in Linz vor Hitler.

13.3. 20:30 Seyß-Inquart proklamiert am Balkon des Bundeskanzleramtes das Anschlussgesetz und gibt den Termin für die Volksabstimmung für 10. April bekannt

13.3. 21:00 Keppler und Seyß-Inquart auf dem Weg nach Linz.

13.3. 21.00 Der Rundfunk meldet den vollzogenen Anschluss. Lautsprecherwagen fahren durch Wien, jubelnde Demonstranten.

13.3. 21:00 General der Infanterie Fedor von Bock (Oberbe-

Fedor von Bock.
Foto: Scherl Bilderdienst

fehlshaber der 8. Armee) trifft in Wien ein, Empfang durch eine Ehrenkompanie des österreichischen Bundesheeres.

Links: Hitler in Wien. Begeisterte Zuschauer. 14.3.1938. Foto: Weltbild
Unten: Hitler in Wien. 14.3.1938.

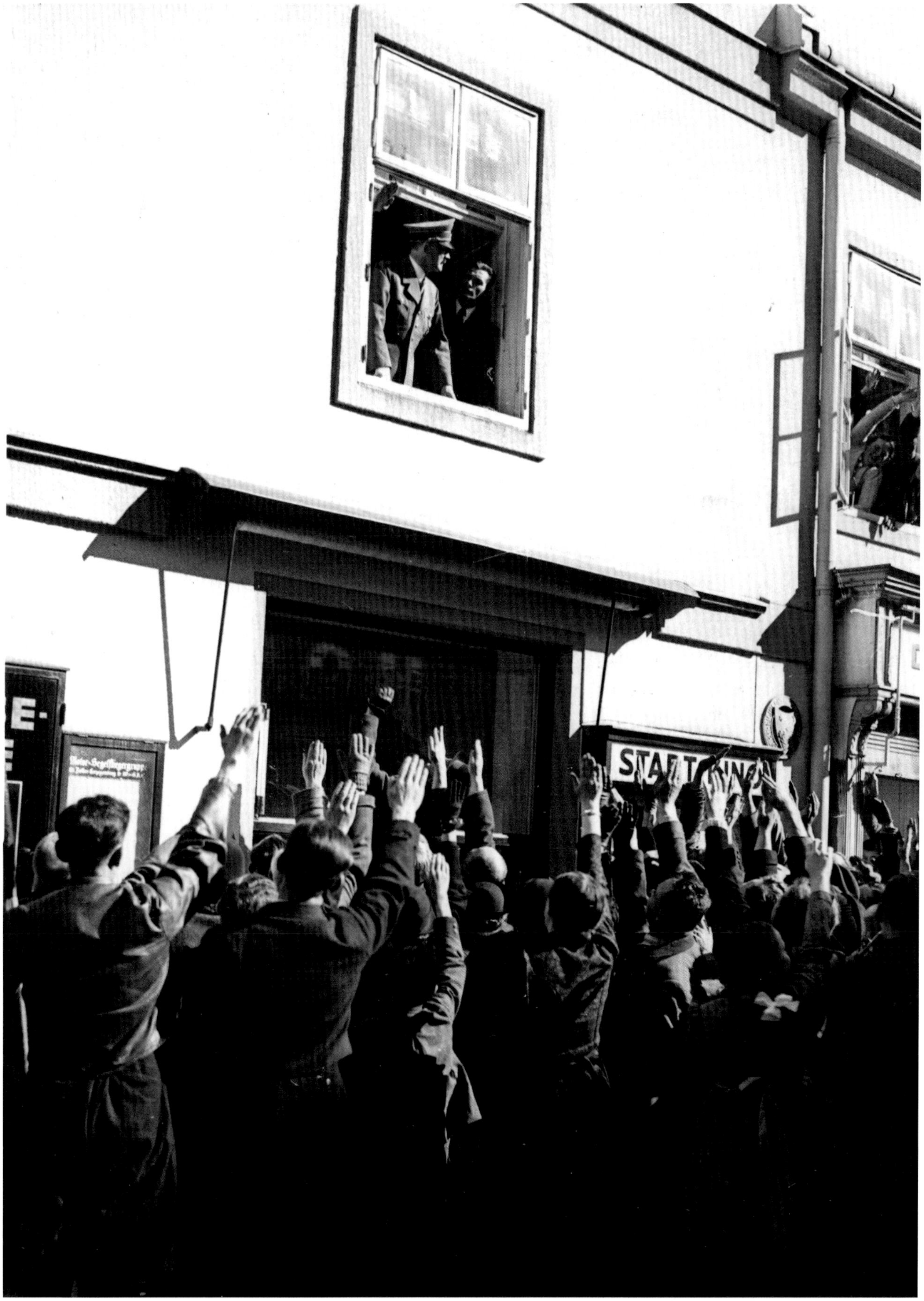

Hitler am Fenster eines Gasthauses in St. Pölten vor der Weiterfahrt nach Wien. 14.3.1938. Foto: Weltbild

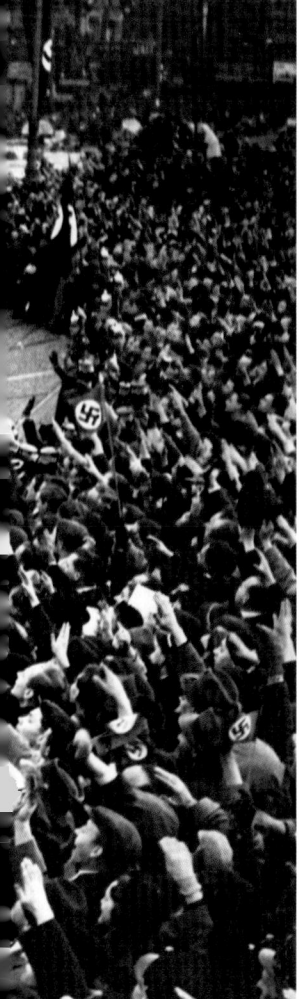

Chronologie
13.–14. März 19:15

13./14.3. Weisung Hitlers, das österreichische Bundesheer sei der Deutschen Wehrmacht zu unterstellen. Die Vereidigung der Soldaten auf den „Führer" wird angeordnet.

14.3. 10:40 Hitler verlässt das Hotel Weinzinger und tritt seine Fahrt nach Wien an.

14.3. Ab 12:00 Geschäfte in Wien schließen.

14.3. Etwas nach 13:00 Hitlers Wagenkolonne erreicht Melk.

14.3. 13:45 Hitler in St.Pölten: Himmler, Keppler und General der Flieger, Erhard Milch sind ebenfalls anwesend.

14.3. Früher Nachmittag Reichspressechef Dietrich nimmt Quartier in den Amtsräumen des Bundespräsidenten und beginnt mit der Arbeit für die Volksabstimmung am 10. April.

Otto Dietrich. Foto: Weltbild

14.3. 17:00 Hitler passiert die Wiener Stadtgrenze. Begrüßung am Riederberg durch Seyß-Inquart und Innenminister Wilhelm Frick. Fahrt in die Innenstadt über die Mariahilfer Straße. Am Ring wechselt Seyß-Inquart in Hitlers Mercedes.

14.3. 17:45 Eintreffen Hitlers vor dem Hotel Imperial. Begrüßung durch die gesamte Regierung.

14.3. 19:15 Hitler zeigt sich am Balkon des Hotel Imperial der jubelnde Zuschauermenge.

Links: Hitler in Wien. Die begeisterte Menschenmenge wird in der Babenbergerstraße zurückgedrängt. 14.3.1938
Rechts: Hitler in Wien. Fahrt auf der Ringstraße. 14.3.1938.
Foto: Albert Hilscher
Unten: Hitler in Wien. Fahrt durch die Mariahilfer Straße. 14.3.1938

15.3. Morgen Reichsautozug „Deutschland" stellt am Heldenplatz 25 Übertragungswägen auf.

15.3. Ab 10:00–10:15 Kardinal Theodor Innitzer bei Hitler im Hotel Imperial.

15.3. Ab 10:00 Großkundgebung auf dem Heldenplatz.

15.3. Kurz vor 11:00 Ankunft Hitlers am Heldenplatz.
Kurze Ansprache Seyß-Inquarts.
Rede Hitlers.

15.3. 13:30 Hitler schreitet am Äußeren Burgtor die Front der angetretenen Ehrenkompanie ab, Kranzniederlegung durch Hitler, Seyß-Inquart und Keitel.

15.3. 14:00 Deutsche Flugzeuge überfliegen die Ringstraße.

15.3. 14:15 Beginn des Vorbeimarsches der Bodentruppen.

15.3. 16:00 Ende der Parade, Hitler kehrt ins Imperial zurück.

15.3. 17:00 Hitler fährt zum Flughafen Wien-Aspern, fliegt nach München zurück.

15.3. Einführung des Reichsflaggengesetzes, Gesetz gegen die Neubildung von Parteien, Gesetz zur Sicherung der Einheit von Partei und Staat.

15.3. Alle jüdischen Beamten ihres Amtes enthoben.

15.3. Systematische Säuberung der Führungsschicht des österreichischen Heeres: 61 Offiziere müssen sofort aus dem aktiven Wehrdienst ausscheiden (u.a. Zehner und Schilhawsky).

15.3. Befehl von Brauchitsch zur Neuorganisation des österreichischen Heeres.

Hitlerjugend in Wien. 15.3.1938. Foto: Albert Hilscher

Auf dem Heldenplatz in Wien: Invalide in Reihe vor dem Eingang der Neuen Burg, die Arme zum Hitlergruß erhoben. 15.3.1938. Foto: Albert Hilscher

Hitler bei seiner historischen Rede am Heldenplatz. 15.3.1938. Foto: Weltbild

Oben: Parade in Wien. Deutsche Panzerfahrzeuge in der Universitätsstraße, im Hintergrund rechts die Votivkirche. 15.3.1938
Links: Ankunft Hitlers am Münchner Flughafen. 15.3.1938
Rechte Seite: Deutsche Flugzeuge über Wien.
15.3.1938. Foto: Albert Hilscher

*Deutsche Soldaten werden auf der Landstraße freudig begrüßt.
Nachlass Glöckler*

Grüßende Menschen bei einem Sägewerk. Nachlass Glöckler

Links: „Heldenplatzfahrt" 15. März 1938.
Erinnerungsbild. Pose für den Fotografen.
Nachlass Glöckler

Oben: Menschenmenge auf der unteren
Mariahilfer Straße. 15.3.1938. Nachlass
Glöckler
Rechts: Blick auf den mit Hakenkreuzen
geschmückten Balkon der Neuen Burg.
15.3.1938. Nachlass Glöckler

Menschenmenge auf dem Heldenplatz. 15.3.1938. Nachlass Glöckler

Menschenmenge auf dem Heldenplatz. 15.3.1938. Nachlass Glöckler

Rückkehr Hitlers nach Berlin. Hitler und Göring auf dem Balkon der Reichskanzlei. 16.3.1938. Presse-Illustrationen Heinrich Hoffmann, Berlin

Hakenkreuzfahne am Stephansdom. Undatiert. März 1938. Foto: Albert Hilscher

Synagoge

„In einem hohen, schäbigen Gebäude befindet sich dort (Seitenstettengasse) die Hauptsynagoge Wiens, ein Mittelpunkt der religiösen, kulturellen und karitativen Tätigkeit der Juden Wiens. Am frühen Morgen war das Gebäude von der SS besetzt worden. Dorthin pflegten die Ärmsten der armen Juden zu kommen, um in der Ausspeisung eine Suppe zu empfangen. Die SS schloß die Ausspeisung und stahl alle Lebensmittelvorräte. Dann gab sie an bedürftige Juden, die um Unterstützung kamen, besondere Passierscheine aus. Unter diesen hatten sich auch die beiden befunden, mit denen ich nun sprach. Sobald sie das Gebäude betreten hatten, wurden sie in die Synagoge geschleppt, wo SS-Leute herumlungerten, die Pfeifen und Zigaretten rauchten. Die Juden wurden gezwungen, „körperliche Übungen" zu machen, insbesondere Kniebeugen, wobei sie in jeder Hand einen Sessel halten mußten. Die alten und schwachen, die hinfielen oder zusammenbrachen, wurden von den Nazi auf die brutalste Art mit Füßen getreten und geschlagen.
Was aber die beiden Männer, mit denen ich sprach, vollkommen gebrochen hatte, war nicht der physische Schmerz – sie waren jung, hatten die Übungen zur Zufriedenheit ihrer Peiniger ausgeführt und waren selbst nicht geschlagen worden –, sondern der Religionsfrevel gewesen, der nun folgte. Man hatte sie gezwungen, die heiligen Tefillins, die Gebetsstreifen mit den Zehn Geboten Gottes, an ihren Handgelenken zu befestigen und so den Fußboden und die Klosettmuscheln zu reinigen. ... Die SS verweigerte mir aber den Zutritt zur Synagoge, aus der man lautes Lachen und Kommandos hörte. Von Zeit zu Zeit wurde ein Opfer auf die Straße hinausgeworfen, aschgrau und mit bebenden Gliedern, die Augen voll Grauen und mit Lippen, die ständig zitterten. Ich sah, wie man zur Belustigung der Menge Juden herausführte, die man gezwungen hatte, die Gewänder anzuziehen, die die Rabbiner beim Gottesdienst trugen. So mußten sie die Straße von dem Schmutz reinigen, den grinsende SA-Leute aus den Fenstern warfen."
(Gedye 1947: 296–297).

Praterstern

„Die erste Reibpartie sah ich auf dem Praterstern. Sie mußte das Bild Schuschniggs entfernen, das mit einer Schablone auf den Sockel eines Monuments gemalt worden war. SA-Leute schleppten einen bejahrten jüdischen Arbeiter und seine Frau durch die beifallklatschende Menge. Tränen rollten der alten Frau über die Wangen, und während sie starr vor sich hinsah und förmlich durch ihre Peiniger hindurchblickte, konnte ich sehen, wie der alte Mann, dessen Arm sie hielt, versuchte, ihre Hand zu streicheln.
„Arbeit für die Juden, endlich Arbeit für die Juden!" heulte die Menge. „Wir danken unserem Führer, er hat Arbeit für die Juden geschafft!"
(Gedye 1947: 295)

[Chronologie 15. März–18. März]

15. März – 10. April Beginn der Verhaftung von Persönlichkeiten des öffentlichen Lebens (Politiker, Intellektuelle, Beamte).
Große Anzahl von Selbstmorden von Regimegegnern.

16.3. Protest Otto Habsburgs in einer französischen Zeitung.

16.3. Selbstmord des ehemaligen Vizekanzlers Emil Fey.
Selbstmord des Kulturhistorikers Egon Friedell.

16.3. Gauleiter Bürckel wird Beauftragter des Führers für die Durchführung der Volksabstimmung.

16.3. Generelle Aufnahmesperre in die NSDAP (bleibt bis Dezember 1939 aufrecht, es gab nur „Parteianwärter").

16.3. Vereidigung der Polizei am Wiener Heldenplatz.

17.3. Einführung der Reichsmark (1 RM = 1,5 Schilling).

17.3. Gesetz über den Neuaufbau des Reiches (Aufhebung des Österreichischen Bundestages, der Bundesversammlung und der Landtage), Hoheitsrechte des Bundes und der Länder gehen auf das Reich über.

17.3. Studentenkundgebung in der Wiener Universität mit Bürckel.

18.3. Hausdurchsuchung in den Räumen der Israelitischen Kultusgemeinde in der Seitenstettengasse in Wien.

18.3. Bischofskonferenz beschließt Hirtenbrief mit Wahlempfehlung.
Massive Interventionen, die Formulierungen betreffend, durch Gauleiter Bürckel.

18.3. Einladung an 10.000 österreichische Arbeiter zu einer „Kraft durch Freude"-Fahrt ins Deutsche Reich.

18.3. „Bayrischer Hilfszug" in Wien (Gratisteilung von Erdäpfelgulasch in den Arbeiterbezirken).

„Bayrischer Hilfszug" in Wien. Gratisverteilung von Erdäpfelgulasch in den Arbeiterbezirken. 18.3.1938. Fotos: Albert Hilscher

18.3. Reichstagsrede Hitlers.

21.3. Erste KdF-Züge starten vom Wiener Westbahnhof.

23.3. Marsch der SA mit 15.000 Mann über die Ringstraße.

23.3. Himmler spricht im Konzerthaus zur SS.

24.3. Rede Bürckels im Konzerthaus. Auftaktveranstaltung für die letzte Phase der Propaganda.

25.3. Schüler und Lehrer grüßen einander inner- und außerhalb der Schule mit dem „Deutschen Gruß".

25.3. Göring in Linz.

26.3. Großkundgebung in der Nordwestbahn-halle mit Göring.

27.3. Heldenehrung in Wien durch Göring am Heldenplatz.

27.3. Sonntag. Der Hirtenbrief der österreichischen Bischöfe vom 18. März wird von den Kanzeln der katholischen Kirche verkündet.

27.3. Reichssportführer Hans von Tschammer und Osten eröffnet anlässlich des Handball-Länderkampfs Österreich – Deutschland die „Woche des Großdeutschen Sports".

27.3. Festaufführung des „Fidelio" in der Staatsoper in Anwesenheit Görings.

28.3. Wahlempfehlung der Bischöfe wird mit allen Unterschriften auf Veranlassung der Gauleitung als Wahlplakat affichiert und in den Zeitungen veröffentlicht.

28.3. Abreise Görings aus Wien.

29.3. Propagandaminister Dr. Joseph Goebbels in Wien (Nordwestbahnhalle, Rathaus, Heldenplatz, 20 Uhr).

Bürckel bei seiner Rede im Wiener Konzerthaus. 24.3.1938.

KdF-Reisende am Maria-Theresien-Platz vor ihrer Abfahrt. 18.3.1938.
Foto: Albert Hilscher

Handball-Länderkampf Österreich – Deutsches Reich im Wiener Stadion. Reichssportführer
von Tschammer und Osten bei seiner Ansprache. Ganz links stehend Friedrich Rainer,
links sitzend Kajetan Mühlmann, neben ihm Bürgermeister Neubacher, 3. v. l. Seyß-Inquart,
links dahinter in der zweiten Reihe Reinhard Heydrich. 27.3.1938. Foto: Albert Hilscher

Erste Rede Hitlers zur Volksabstimmung im Sportpalast in Berlin. 28.3.1938. Foto: Associated Press

Links: Goebbels bei seiner Rede in der
Nordwestbahnhalle. 29.3.1938.
Foto: Albert Hilscher

Oben: Goebbels in der Nordwestbahnhalle.
29.3.1938. Foto: Albert Hilscher

29.3. Göring in der Weizer Maschinenfabrik.

29.3. Göring besucht die Hütte Donawitz.

30.3. Goebbels in der Hofburg.

30.3. Ankunft des 1. Bataillons der SS-Standarte 3.

31.1. Österreichische Legion trifft in Salzburg ein.

April Entlassung aller jüdischen Schüler aus öffentlichen Schulen.

1.4. 1. Österreichertransport nach Dachau. Die Staatspolizeileitstelle Wien nennt eine 151 Personen umfassende Liste.

2.4. Einzug der Österreichischen Legion in Wien, Kundgebung am Heldenplatz (Bürckel spricht).

3.4. Fußball „Freundschaftskampf" Deutschland – österreichische Auswahl im Wiener Stadion.

3.4. Interview mit Karl Renner im Neuen Wiener Tagblatt.
Nach den höchsten Vertretern der Kirche lässt sich auch der wichtigste Führer der Sozialdemokraten für die nationalsozialistische Propagandakampagne instrumentalisieren.

3.4. Studentenkundgebung an Wiener Universität, Unterrichtsminister Oswald Menghin und Reichsminister Bernhard Rust sprechen.

3.4. Hitler trifft in Graz ein.

Göring bei der Kranzniederlegung am Heldenplatz. Begrüßung von Seyß-Inquart, ganz links hinten Glaise-Horstenau, rechts im Hintergrund ein Pressefotograf. 27.3.1938. Foto: Albert Hilscher

Links: Göring am Heldenplatz. 27.3.1938.
Rechts: Ankunft der Österreichischen Legion
am Matzleinsdorfer Bahnhof. 1.4.1938.
Unten: Marsch der Österreichischen Legion
durch das Heldentor. 1.4.1938.
Fotos: Albert Hilscher

Ostmark-Wochen-schau 17A/1938. „Der erste große Fußball-Kampf im neuen Oesterreich - Freundschaftsspiel Deutschland – Oesterreich 0:2". Links: Verordnetes Vorspiel. Aufstellung der Mannschaften mit „Deutschem Gruß". Unten: Das Tor zum 2:0 ist gefallen.

Rechts: Fußball-Länderkampf Österreich gegen Deutschland im Wiener Stadion. Unmittelbar nach dem 1:0 in der 17. Minute der 2. Spiel-hälfte. 3.4.1938. Foto: Weltbild

3.4. „Ostmarkfahrt des Führers"
Hitler in Graz.
Rede in der Weizer Maschinenfabrik.

4.4. „Ostmarkfahrt des Führers"
Hitler in Klagenfurt.

5.4. „Ostmarkfahrt des Führers"
Hitler in Innsbruck.

6.4. „Ostmarkfahrt des Führers"
Hitler in Salzburg.

Oben: Hitler in Graz. 3.4.1938.
Rechts: Hitler in Innsbruck. Blick in
die Kundgebungshalle. 5.4. 1938.
Foto: Weltbild

Hitler in Salzburg. 6.4.1938. Foto: Albert
Hilscher

7.4. Reichsminister Rudolf Heß in Wien.

7.4. Hitlers Spatenstich für die Reichsautobahn am Walserberg.

8.4. „Ostmarkfahrt des Führers"
Hitler in Linz.

8.4. Kameradschaftsabend in den Sofiensälen
mit Rudolf Heß.

8.4. „Ostmarkfahrt des Führers"
Ankunft Hitlers in Wien.

9.4. Abschluss der Propaganda:
Tag des Großdeutschen Reiches.
Hitler in Wien (Rathaus, Nordwestbahnhalle).

Hitler in Klagenfurt. 4.4.1938. Foto: Albert Hilscher

Hitler in Linz. 8.4.1938. Foto: Weltbild

Hitler trifft in Wien ein. 8.4.1938.

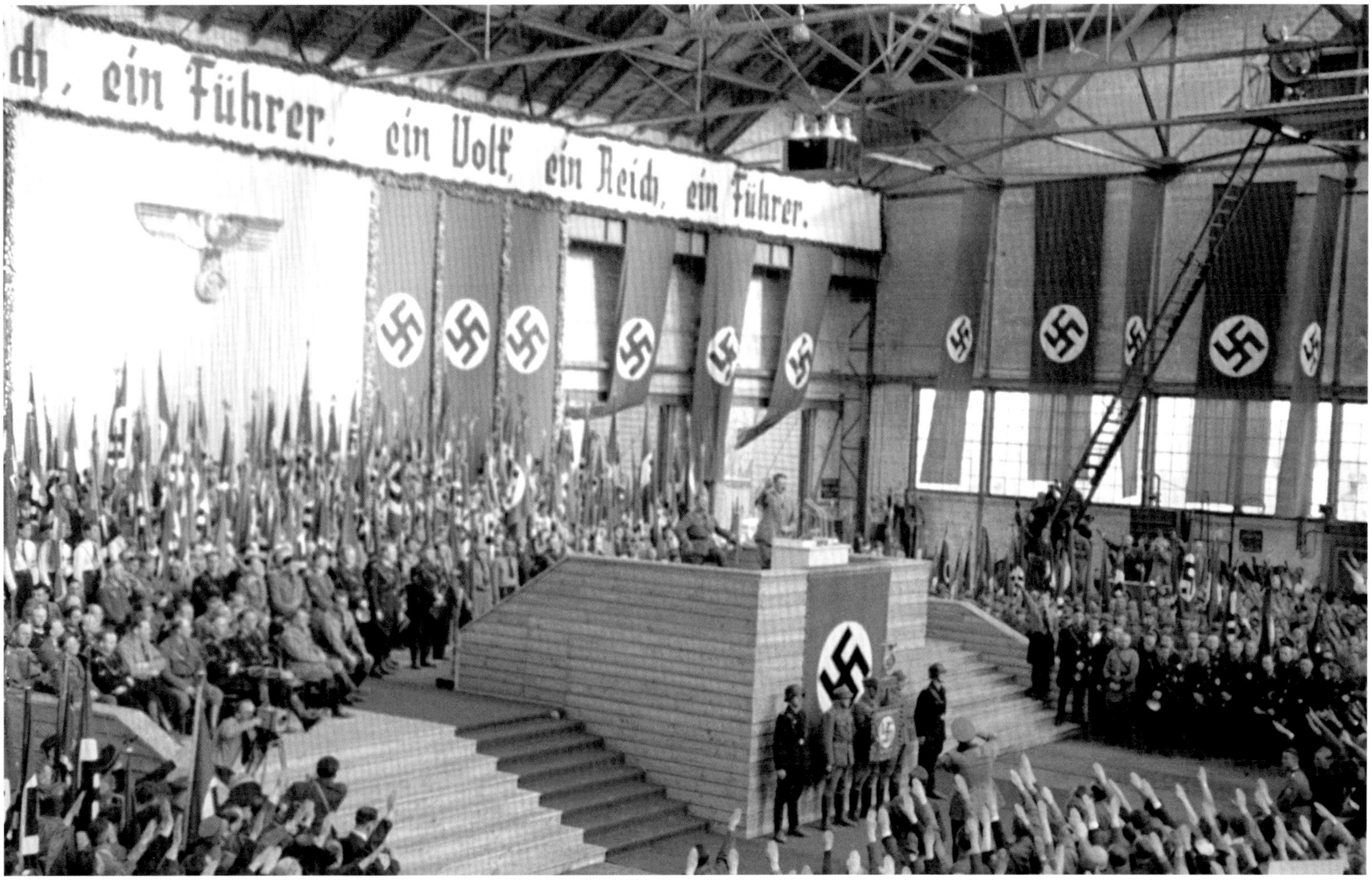

Oben: Hitler bei seiner Rede in der Weizer Maschinenhalle.
Unten links: Hitler beim Verlassen der Halle nach seinem Auftritt.
Unten rechts: Begeisterte Menge.

Linke Seite:
Oben: Beleuchtetes Graz anlässlich des Besuchs von Adolf Hitler.
Unten: Hitler bei seiner Rede in der Weizer Maschinenhalle.

Linke Seite: Hitler am Balkon des Hotel Imperial in Wien. 9.4.1938. Albert Hilscher
Rechts: Vorbereitungen in der Wiener Nordwestbahnhalle für die Großkundgebung mit Adolf Hitler. 9.4.1938. Foto: Albert Hilscher
Unten: Rede Hitlers in der Wiener Nordwest-bahnhalle. 9.4.1938. Foto: Albert Hilscher

Chronologie 10.–30. April

10.4. Volksabstimmung in Österreich und im gesamten Deutschen Reich.

19.4. Erste Hitler-Eiche wird in Margareten gepflanzt.

20.4. Militärparade auf der Ringstraße anlässlich des „Führer-Geburtstages".

23.4. Bürckel wird zum „Reichskommissar für die Wiedervereinigung Österreichs mit dem Deutschen Reich" ernannt.

24.4. Numerus Clausus für jüdische Studenten.

25.4. Wiedereröffnung der Wiener Universität im Beisein Bürckels.

26.4. Verordnung über die Anmeldung von jüdischem Vermögen.

30.4. Bücherverbrennung in Salzburg.

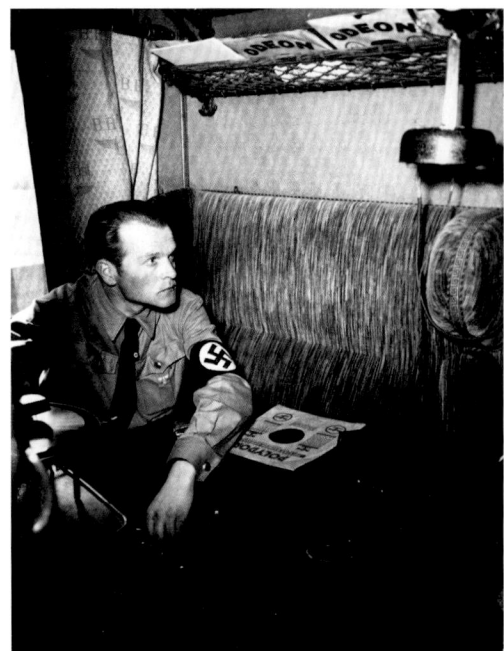

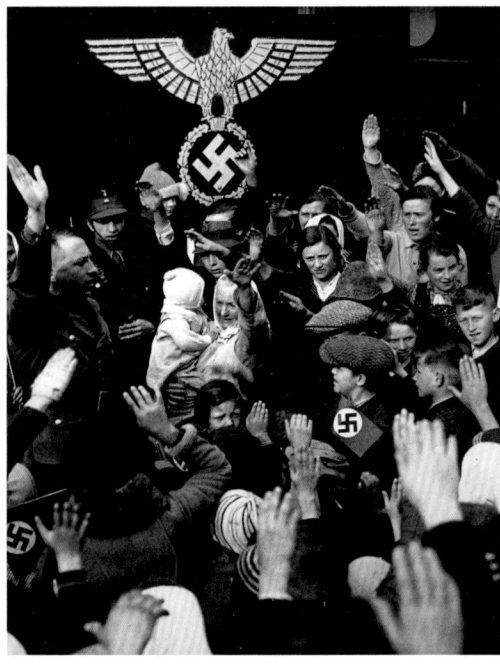

Oben, links und rechts: Werbezug für die Volksabstimmung am 10.4.1938. Fotos: Albert Hilscher

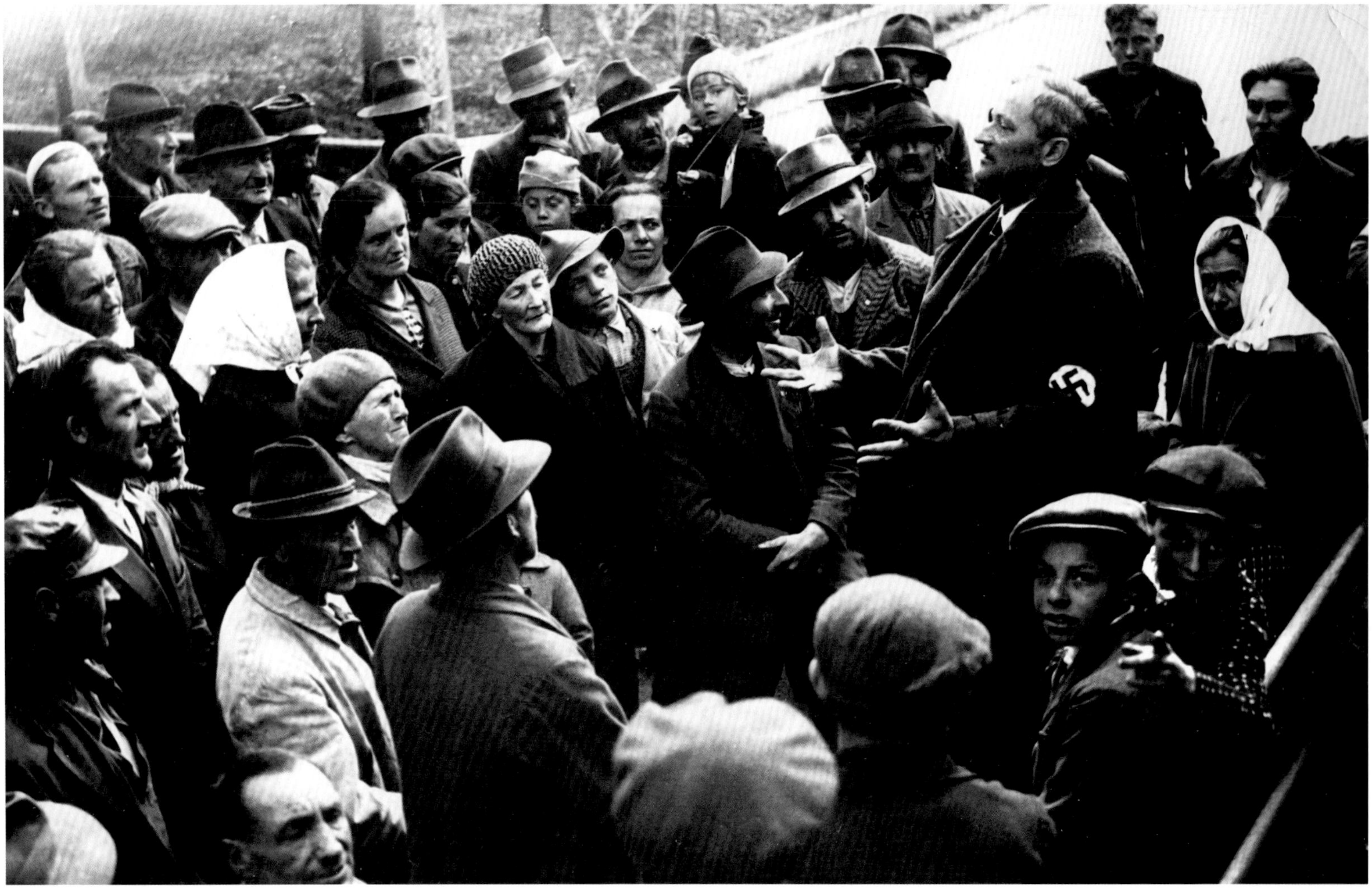

Oben: Werbezug für die Volksabstimmung
am 10.4.1938. Im oberösterreichischen
Saxen.
Rechts: Werbezug für die Volksabstimmung
am 10.4.1938.
Links: Werbezug für die Volksabstimmung
am 10.4.1938. „Wanderprediger".
Fotos: Albert Hilscher

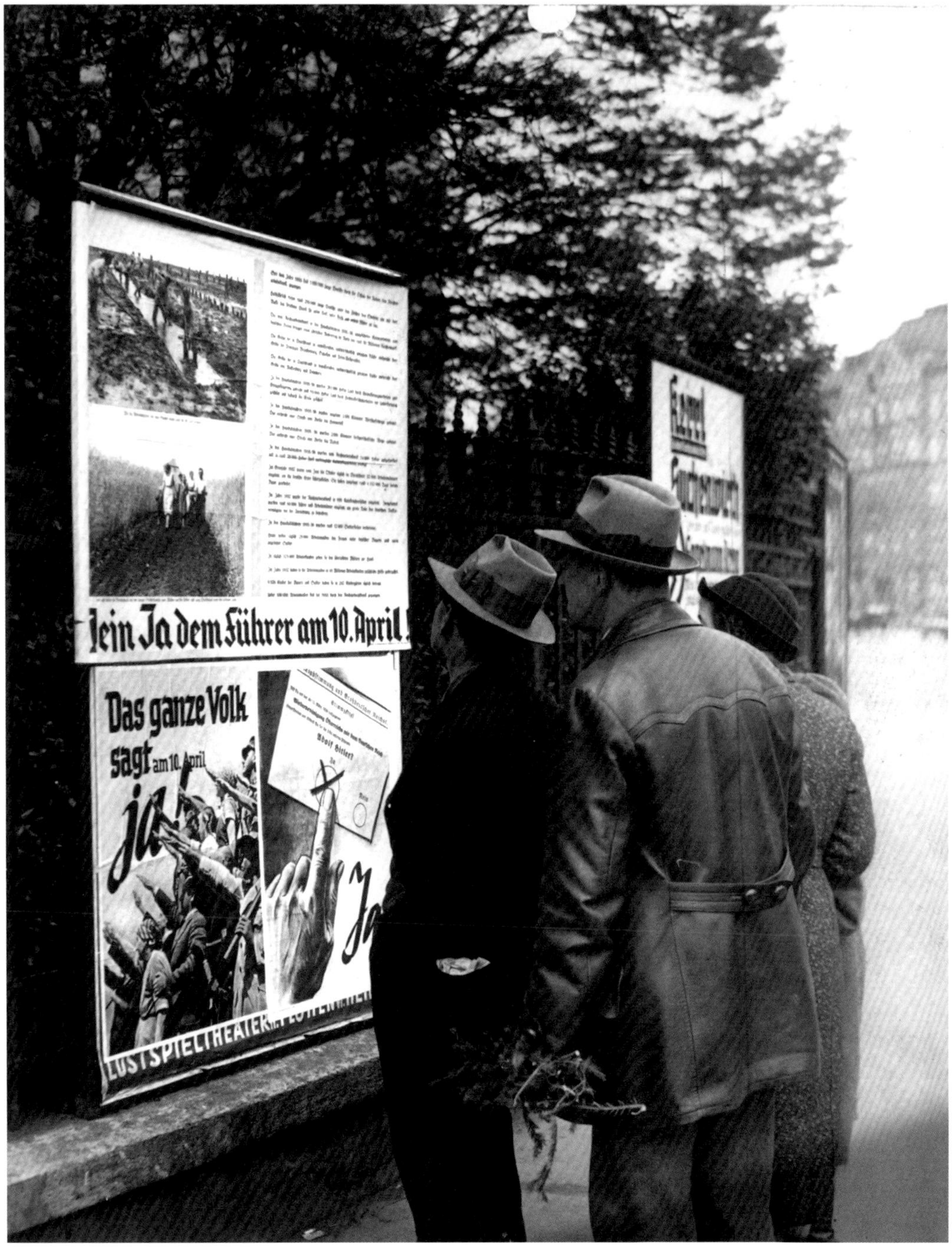

Links: Propaganda für die Volksabstimmung am 10. April. Passanten vor Plakaten. Unten und rechte Seite: Propaganda für die Volksabstimmung am 10. April. Foto: Albert Hilscher

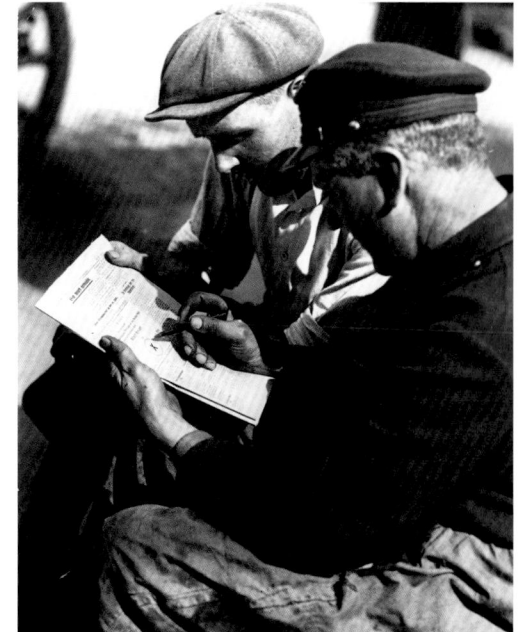

Propaganda für die Volksabstim-
mung am 10. April. Nächtliche
Neonreklame „Ja für Hitler".
Wien VII, Kirchengasse 9.
Foto: Dietrich

Linke Seite: Propaganda für die
Volksabstimmung am 10. April.
Beleuchtete Länderbank Am Hof
in Wien. Foto: Albert Hilscher

Links: Propaganda für die Volksabstimmung am 10. April. Am Wiener Naschmarkt.
Rechts: Propaganda für die Volksabstimmung am 10. April. Theater an der Wien.
Unten: Propaganda für die Volksabstimmung am 10. April. HJ zieht vor dem Loos-Haus vorbei.
Linke Seite: Propaganda für die Volksabstimmung am 10. April. Aufbauten am Josefsplatz in Wien. Fotos: Albert Hilscher

„*Tag des Großdeutschen Reiches*" *in Wien. Warten auf den Einzug Adolf Hitlers am Kärntnerring Ecke Schwarzenbergplatz. 9.4.1938.*
Foto: Lothar Rübelt

Oben: Propaganda für die Volksabstimmung.
Das Parlament in Wien. Foto: Lothar Rübelt
Unten: Propaganda-Plakat an der Fassade
der Wiener Staatsoper als Werbung für die
Volksabstimmung am 10.4.1938.

Oben: Propaganda für die Volksabstimmung am 10.4.1938 in
Weißenbach bei Gloggnitz.
Rechts: Trachtengruppe aus der Wachau vor einem Abstimmungs-
lokal. 10.4.1938. Foto: Weltbild
Unten: Auf dem Weg zur Volksabstimmung in Lilienfeld. 10.4.1938.
Foto: Albert Hilscher

Volksabstimmung in Wien-Favoriten:
Anstellen vor dem Wahllokal Gudrunstraße,
Ecke Keplerplatz. 10.4.1938.

Oben: Kardinal Innitzer bei der Stimmabgabe. 10.4.1938.
Foto: Presse-Illustrationen Hoffmann
Unten: Seyß-Inquart bei der Stimmabgabe in Wien. 10.4.1938.

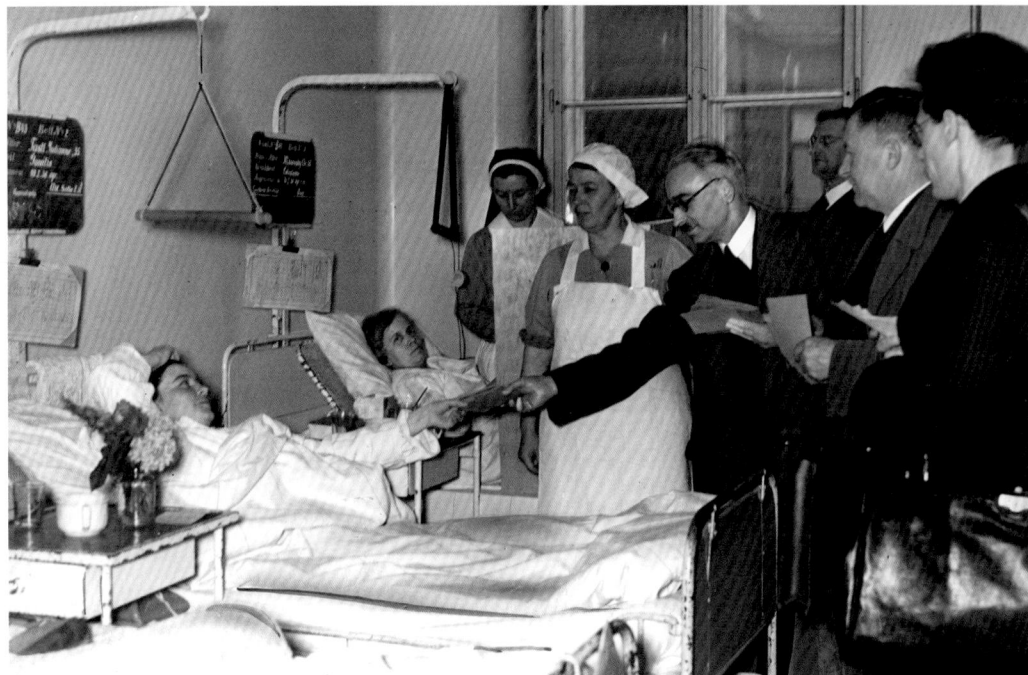

Links: Stimmabgabe in einem Wiener Krankenhaus. 10.4.1938.
Rechte Seite: Auszählung der Stimmen. 10.4.1938.

Alte und kranke Personen werden mit einer Bahre in das Wahllokal getragen. 10.4.1938.
Foto: Albert Hilscher

SA-Männer begleiten eine gebrechliche Frau aus dem Wahllokal. 10.4.1938.

Oben: Bürckel verkündet im Konzerthaus das Ergebnis der Volksabstimmung. 10.4.1938. Die Auszählung der Stimmen ergab eine Zustimmung von 99,75% in Österreich und 99,08% im „Altreich" („Ja" für den „Anschluss" und die „Liste unseres Führers Adolf Hitler"). Unten: Menschenmenge vor dem Wiener Rathaus wartet auf das Ergebnis der Volksabstimmung. 10.4.1938. Fotos: Weltbild

Linke Seite: Volksabstimmung in Berlin. Hitler und Goebbels auf dem Balkon der Reichskanzlei. 10.4.1938. Foto: Weltbild

Mai „Nürnberger Rassegesetze" werden gültiges Recht. Errichtung der „Vermögensverkehrsstelle für Juden".

1.5. 1. Mai wird „Nationaler Feiertag des Deutschen Volkes".

1.5. 66 Offiziere des österreichischen Bundesheeres entlassen.

2.5. Neuordnung der Presse in der „Ostmark" durch Max Amann.

3.5. Hitler besucht Mussolini in Rom.

5.5. Gießen der ersten Hitler-Glocke.

24.5. Die Gestapo ordnet die unverzügliche Verhaftung „unliebsamer, insbesondere kriminell vorbestrafter Juden" an: 2.000 Juden wurden denunziert und im Sommer nach Dachau, später nach Buchenwald überstellt.

24.5. Hitler verfügt die „Aufteilung des Landes Österreich" in sieben Gaue:
Wien, Niederdonau, Oberdonau, Salzburg, Tirol-Vorarlberg, Steiermark und Kärnten. (Das Burgenland wurde zwischen Niederdonau und der Steiermark aufgeteilt).

Oben: „Nationaler Feiertag des Deutschen Volkes": Der Erste Mai am Wiener Heldenplatz. 1.5.1938.
Unten: „Nationaler Feiertag des Deutschen Volkes": Der Erste Mai im Wiener Prater. 1.5.1938.

„Nationaler Feiertag des Deutschen Volkes": Der Erste Mai im Wiener Prater. Großes Volksfest auf der Jesuitenwiese. 1.5.1938. Foto: Weltbild

Oben: „Nationaler Feiertag des Deutschen Volkes" auf dem Wiener Rathausplatz. 1.5.1938.
Rechte Seite: „Nationaler Feiertag des Deutschen Volkes": Blick auf das beflaggte Parlament
in Wien, Transparent „Das Volk regiert". 29.4.1938. Foto: Weltbild

4.6. Sigmund Freud emigriert.

14.6. „Schriftleitergesetz": binnen zwei Wochen müssen sich alle Journalisten um die Aufnahme in den Reichsverband der deutschen Presse bewerben.

25.7. Verbot der Behandlung „deutschblütiger Menschen" durch jüdische Ärzte.

August Erster Höhepunkt der Emigrationswelle mit 9.729 Juden.

1.8. Einführung der obligatorischen Ziviltrauung.

1.8. Eröffnung der Ausstellung „Der ewige Jude" in Wien.

8.8. Erster Transport von Häftlingen aus dem KZ Dachau trifft im Konzentrationslager Mauthausen ein.

29.8. Reichskleinodien werden der Stadt Nürnberg übergeben. Die Rückgabe erfolgt 1946 durch die amerikanische Besatzungsmacht.

1.9. Erste Verdunkelungsübung in Wien.

29.9. „Münchener Abkommen".

1.10. Einführung der Reichsarbeitsdienstpflicht.

8.10. Sturm auf das Erzbischöfliche Palais. Etwa 100 HJ-Angehörige verwüsten das Palais.

13.10. Gauleiter Bürckel hält eine Hetzrede gegen Kirche und Klerus bei einer Protestkundgebung gegen Kardinal Innitzer.

9./10.11. Reichspogromnacht
49 Synagogen werden niedergebrannt, 4600 Juden verhaftet. 4.038 jüdische Geschäfte werden geplündert und danach beschlagnahmt.
680 Juden begingen Selbstmord.

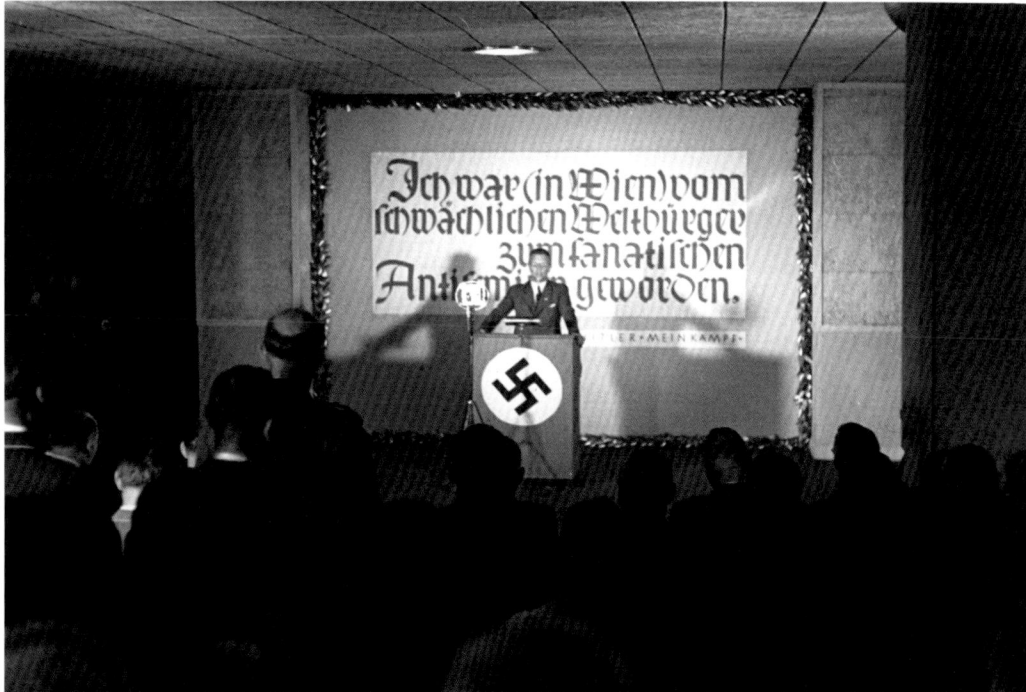

Oben: „Arisches Kino". Bedienstete vor dem Flotten-Kino. 1.5.1938. Foto: Helmut Weiser
Unten: Eröffnung der Ausstellung „Der ewige Jude" in Wien. Reichsstatthalter Seyß-Inquart bei seiner Eröffnungsrede in der Nordwestbahnhalle. 1.8.1938. Foto: Weltbild

**Die „deutsche Volksgemeinschaft"
zeigt ihr wahres Gesicht**

*Oben: Klebeaktion der HJ. März 1938.
Links: Geschäftsauslage in der Taborstraße
mit Beklebung „Jüdisches Geschäft". März
1938.
Rechte Seite oben: Plakat und Beschmierun-
gen in den Fenstern eines Wiener Kaffee-
hauses. März 1938. Foto: Albert Hilscher
Rechte Seite unten: Beschmierte Geschäftsauslage in Wien. März 1938.
Fotos: Albert Hilscher*

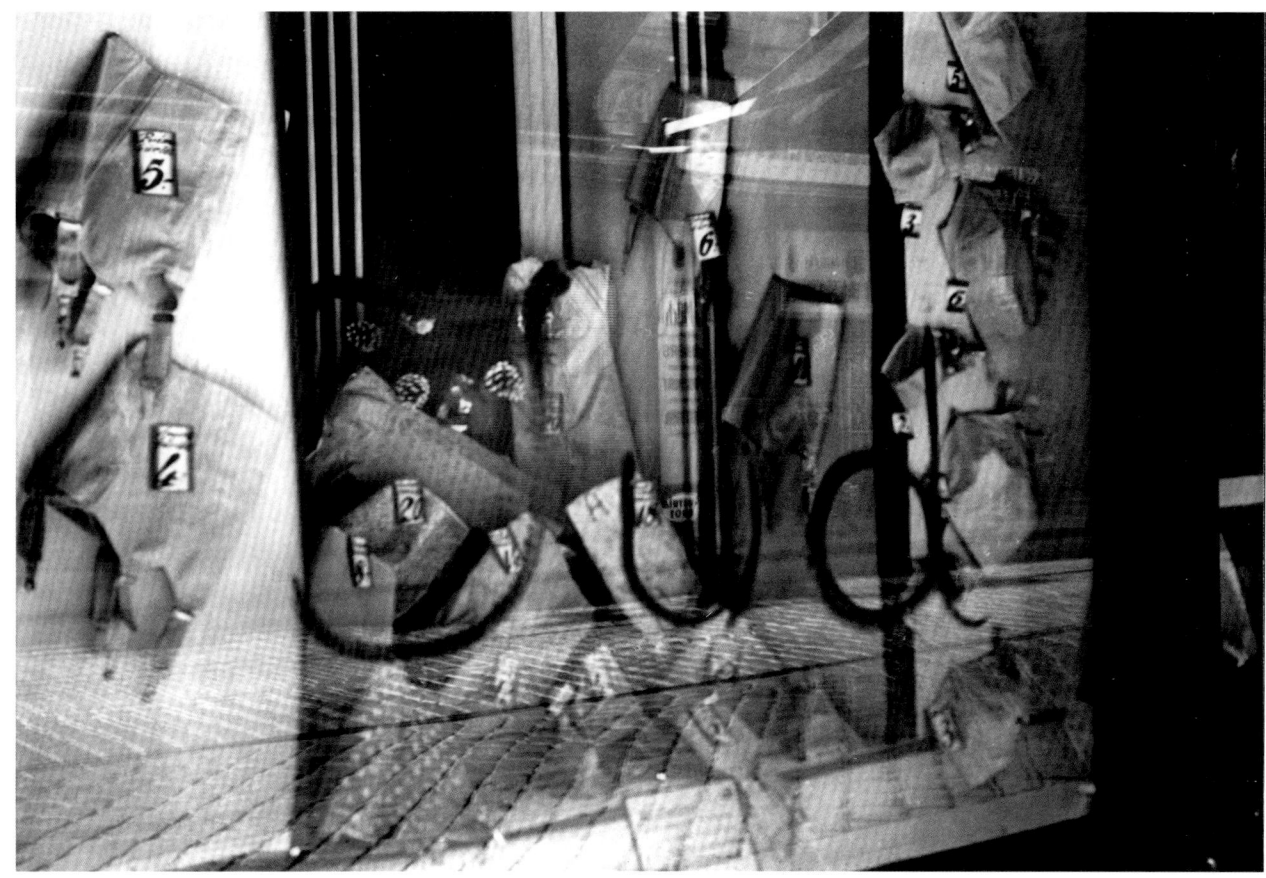

Ein Mann wird auf der Mariahilfer Straße (Höhe Neubaugasse) in Wien gezwungen, ein „Geständnis" vor sich herzutragen, dass er Kontakt mit jüdischen Mitbürgern hat. März/April 1938

Rechte Seite: Juden werden gezwungen, Parolen der Vaterländischen Front abzuwaschen. Auf der Aspernbrücke in Wien. März 1938. Foto: Albert Hilscher

*Antisemitische Ausschreitungen in Wien.
März 1938. Fotos: Albert Hilscher*

Oſtmark
Wochenſchau

Die Oſtmark
kehrt heim ins
Deutſche Reich

Ende

3

Die Ostmark kehrt heim ins Reich

Von der Ständestaat- zur Ostmark-Wochenschau

Am 11. März 1938 um 15 Uhr 30 trat der österreichische Bundeskanzler Schuschnigg zurück. Um 19 Uhr 47 hielt er im Rundfunk seine letzte Rundfunkansprache, bereits über eine Stunde zuvor hatte Hitler der Wehrmacht den Marschbefehl erteilt.[1] Österreichs Schicksal war besiegelt. Binnen weniger Stunden waren mit den Worten Ian Kershaws "die Straßen für den nationalsozialistischen Mob frei"[2] gemacht, ließen die nationalsozialistischen Rädelsführer in ganz Österreich auf Befehl Görings ihre Anhänger zu Straßendemonstrationen ausrücken. "Von den ersten Stunden an kam es zu Ausschreitungen gegen Juden und zu Plünderungen jüdischer Geschäfte."[3] SA und SS übernahmen das Kommando und die Kontrolle über den Ablauf und die Organisation der Ereignisse. Bereits gegen 5 Uhr früh landeten am 12. März auf dem Flugplatz Wien-Aspern zwei Flugzeuge mit Heinrich Himmler, Reichsführer SS und Chef der deutschen Polizei, und seinen engsten Mitarbeitern an Bord, deren Aufgabe darin bestand, sofort eine Verhaftungswelle zu leiten, die ohnehin bereits stark nationalsozialistisch unterwanderte österreichische Polizei zu "säubern" und die Terroraktionen gegen die Juden in Gang zu setzen.[4]

Ab dem Vormittag des 12. März landeten in Wien-Aspern, Wels und Innsbruck über 200 Flugzeuge der Deutschen Luftwaffe, die in der Folge zahlreiche Propagandaflüge über Österreich durchführten und insgesamt 300 Millionen Flugblätter abwarfen.[5] Zwei kurze Aufnahmen von Propagandaflügen über die Grazer Innenstadt und über Linz wurden später auch in die erste nationalsozialistische Wochenschauausgabe vom 18. März 1938 eingebaut.

Bereits am Abend des 10. März hatten sich die nationalsozialistischen Führer aus der Provinz im Wiener "Hotel Regina" versammelt, um für den 11. März Weisungen zu besprechen. Noch in der Nacht zum 11. März fuhren die SA-Führer aus den Bundesländern wieder zurück und bereiteten die Machtergreifung vor. Die nationalsozialistischen Demonstrationen waren geplant und durchorganisiert, die darauf folgenden Mediendarstellungen einer "spontanen Erhebung" bereits Teil der Propagandamaschinerie für die von Hitler proklamierte so genannte "Volksabstimmung" vom 10. April.

Von all den planmäßigen Vorbereitungsmaßnahmen sowie den sofort einsetzenden Terror- und Einschüchterungsaktionen bekamen die Leser der bereits vom ersten Tag an zensurierten Zeitungen nichts mehr zu sehen und zu lesen, ebenso wenig wie die Besucher der Kinos.

*„Österreich in Bild und Ton".
Wochenschautitel.*

Vielmehr wurde ihnen in aktuellen Wochenschauenberichten vom „Anschluss" Österreichs als einem Großereignis berichtet. Die jeweils aktuellen Ausgaben der Bavaria-Wochenschau und der UFA-Tonwoche wurden in den ersten Märzwochen bis zur Abstimmung vom 10. April in den wöchentlichen Kinoprogrammen der Tageszeitungen beworben und in den großen Kinos Wiens und einiger Landeshauptstädte auch aktuell zur Aufführung gebracht. Zu Anfang des Jahres 1938 gab es in Österreich nicht weniger als etwa 700 Tonkinos. Nicht nur in den Landeshauptstädten, sondern auch in den wichtigsten Bezirksstädten wurden Kinos betrieben mit Fassungsräumen von 100 bis 600 Plätzen.[6]

Eines hatten alle diese Kinos gemeinsam: vor dem Hauptfilm wurde verpflichtend eine Wochenschau gespielt, die Wochenschau des autoritären Ständestaates „Österreich in Bild und Ton". 27 Wochenschaukopien einer jeweils aktuellen Ausgabe waren in den österreichischen Kinos im Umlauf, die in der Regel einmal pro Woche die Ausgabestelle der Wiener Produktionsfirma Selenophon, die die

Wochenschau im Auftrag des Staates produzierte, passierten.[7]

Die neuen nationalsozialistischen Machthaber bemächtigten sich sofort nach der Machtübernahme der Ständestaat-Wochenschau, kontrollierten fortan die Inhalte und die Produktion und nützen vor allem aber das Vertriebsnetzwerk der Ständestaat-Wochenschau für ihre propagandistischen Zwecke.

Die Rekonstruktion dieser Vorgänge, die Analyse der Zensurmaßnahmen und der ihnen zugrunde liegenden Propagandamechanismen ist der Gegenstand der folgenden Ausführungen.

Am 18. März 1938 erschien zum üblichen Erscheinungstermin der Ständestaat-Wochenschau eine von der alten österreichischen Herstellungsfirma Selenophon Licht- und Tonbildgesellschaft m.b.H. produzierte, in Bild und Ton jedoch bereits völlig im nationalsozialistischen Sinn durchgestaltete Wochenschauausgabe, die einzig und allein einem Thema gewidmet war: dem „Anschluss".

In den folgenden Wochen und Monaten sollten die Mitarbeiter der Selenophon Licht- und Tonbildgesellschaft m.b.H. mit ausgetauschtem Kontrollorgan und – zumindest was den

„Ostmark-Wochenschau". Wochenschautitel.

Kommentar anbelangt – teilweise auch mit neuen Mitarbeitern die nationalsozialistische Machtübernahme propagandistisch unterstützen. Zum einen geschah dies durch die Gestaltung von einigen politischen Beiträgen, zum anderen aber sollten sich die neuen alten Gestalter der Ostmark-Wochenschau vor allem einer dringlichen Aufgabe widmen: dem Ummontieren, der Aktualisierung und nationalsozialistischen Umarbeitung alter Ausgaben der Ständestaat-Wochenschau „Österreich in Bild und Ton".

Die Notwendigkeit dazu ergab sich aus der Sicht der nationalsozialistischen Machthaber, für die die Wochenschau seit der nationalsozialistischen „Machtergreifung" am 30. Jänner 1933 in Deutschland zu einem Propagandainstrument ersten Ranges geworden war, aus den Inhalten, aus der Machart und vor allem aus der langen Nachspielzeit der Wochenschau in den österreichischen Kinos.

Auch im autoritären Ständestaat hatten die politischen Entscheidungsträger das propagandistische Potenzial der Wochenschau erkannt und anfangs durchaus gezielt zu nutzen versucht. Seit 1933 waren aufgrund einer Regierungsverordnung alle österreichischen Tonkinos zum Bezug und zur Vorführung der Wochenschau „Österreich in Bild und Ton" verpflichtet.[8] Jeden Freitag wurden eine A- und eine B-Ausgabe mit jeweils 13 Kopien in Umlauf gebracht. Diese viel zu geringe Auflage von 26 Ausgaben (seit 1936 auf 27 erweitert) führte jedoch dazu, dass es in den in der Verteilungshierarchie zu unterst gereihten Provinzkinos bis zu einem halben Jahr dauern konnte, ehe auch das letzte Publikum eine völlig inaktuelle Wochenschau zu sehen bekam.

Verstärkt wurde diese durch die lange „Nachspielzeit" der Wochenschau hervorgerufene Unaktualität der Wochenschau noch durch die Gestaltung der Beiträge, deren Toninformation seit 1935 vorwiegend aus Hintergrundmusik, Geräuschen und Nachvertonungen bestand. Hatte der Prozentsatz der Originalkommentare und des Originaltons 1933 noch 58% und 1934 immerhin noch 45% betragen, so sank dieser 1937 auf 13%.

Dieser vernichtende Befund für ein Informationsmedium, das im Grunde jeden propagandistischen Anspruch ad absurdum führte, trug nicht gerade zur Popularität der Wochenschau bei den Kinobetreibern und wohl auch nicht beim Publikum bei. Aus historischer Sicht ist es freilich nicht ohne Interesse zu rekonstruieren, wie die neuen nationalsozialistischen Machthaber mit einem „Medienerbe" aus dem Ständestaat umgingen, das gerade in der Zeit nach der Machtübernahme bis zur proklamierten „Volksabstimmung" am 10. April 1938 und noch beinahe ein halbes Jahr darüber hinaus weiter existierte, jedoch nicht ungefiltert und unzensuriert unter die Leute kommen sollte.

Ende April 1938 waren in Österreich in etwa 700 Tonkinos 29 Wochenschauausgaben im Umlauf, die in der Regel einmal pro Woche die Ausgabestelle der Selenophon passierten.[9] Die Verteilung der neuen Ausgaben einer Wochenschau erfolgte zum Programmwechsel am Freitag (im Falle einer Premiere bereits am Donnerstag), der Versand in die Provinz jeweils am Donnerstag, für Kinos mit zweimaligem Programmwechsel auch am Dienstag. Die Kontrolle und der Austausch der alten Kopien erfolgten ebenfalls in der Wiener Ausgabestelle.

Durch die Fortführung des Vertriebes in der gewohnten Form, wenngleich unter Kontrolle des Presseamtes der Gauleitung, konnte die Auslieferung neuer Wochenschauausgaben und die Zensurierung und Aktualisierung alter Ausgaben routinemäßig erfolgen.

Doch zunächst führte gerade die durch die viel zu geringe Anzahl der in den Umlauf befindlichen Wochenschaukopien hervorgerufene Unaktualität der Ständestaat-Wochenschau zu einem durchaus ernstzunehmenden logistischen Problem für die neuen Machthaber, bedeutete sie doch, dass zum Zeitpunkt des „Anschlusses" im März 1938 noch Wochenschauen rückdatierend bis Oktober 1937 in den österreichischen „Nachspielkinos"[10] in Umlauf waren. Es bedeutete weiters, dass die Berichterstattung über die aktuellen Ereignisse erst mit einer Verspätung von einem halben Jahr in die letzten Kinos gekommen wäre, hätte man ohne Eingriffe die bestehende Verleihpolitik fortgesetzt und die alten Ständestaat-Wochenschauen unzensuriert „auslaufen" lassen.

Davon konnte natürlich keine Rede sein, vielmehr sollte die nationalsozialistische Machtergreifung mit allen zu Gebote stehenden Mitteln propagandistisch aufbereitet und vor allem auch begleitet und unterstützt werden. Die stufenweise Umgestaltung der Ständestaat Wochenschau „Österreich in Bild und Ton" in die nationalsozialistische Ostmark-Wochenschau – durchaus unter Beteiligung und Beibehaltung der Produktionsfirma – bot dazu eine willkommene Gelegenheit.

Überblickt man das derzeit im Filmarchiv Austria verfügbare Quellenmaterial der Ostmark-Wochenschau im Ganzen, so lassen sich in der Darstellung und in der Umsetzung der nationalsozialsozialistischen Machtergreifung mehrere Phasen unterscheiden, die sich zum einen aus der Chronologie der Ereignisse und zum anderen aus den Gestaltungs- und Produktionszusammenhängen der Wochenschau ergeben. Diese Phasen sind:

- die Darstellung der Ereignisse im März 1938
- die Bearbeitung der „Österreich in Bild und Ton"-Wochenschauen von Oktober 1937 bis 11. März 1938
- die Produktion der Ostmark-Wochenschau bis zur Abstimmung am 10. April
- die Weiterführung der Produktion nach der Abstimmung bis zur Auflösung der Ostmark-Wochenschau.

11A/1938 Ostmark-Wochenschau. Reichstagsrede 18.3.1938. Hitler am Rednerpult.

11A/1938 Ostmark-Wochenschau „Jubel im befreiten Villach".

11. März 1938

Ausgerechnet auf Freitag, den 11. März 1938, den Tag der nationalsozialistischen Machtergreifung in Österreich, fällt das Produktionsdatum der beiden letzten Ständestaat-Wochenschauausgaben „Österreich in Bild und Ton". Wenige Tage zuvor hatte Bundeskanzler Schuschnigg die historische Presseausstellung „Die Zeitung und ihre Welt" im Museum für Kunst und Industrie besucht.[11] Ein Bericht darüber war ursprünglich als Beitrag in der Ausgabe vom 11. März vorgesehen, bezeichnenderweise jedoch nicht als politischer Beitrag am Anfang der Ausgabe, wo man am meisten Aufmerksamkeit erzielen konnte, sondern als Bericht im Inneren.

Die Ausgabe 11A/1938 begann ursprünglich mit einem Beitrag aus der Steiermark: „Skiwettbewerb unserer bewaffneten Formationen" und enthielt neben sieben internationalen Beiträgen noch die zwei österreichischen Beiträge: „Wien. Der Bundeskanzler in der ersten österreichischen Presse-Ausstellung" und „Kärnten. Auf der Eisfläche des Wörthersees". Vor dem Hintergrund der politischen Krise, in der sich seit den ersten Märztagen die Ereignisse überstürzten und die Regierung alle nur erdenklichen Mittel benötigt hätte, um ihre Position medial zu vertreten und zu verteidigen, vermittelt die völlig apolitische Zusammenstellung der Wochenschau im historischen Rückblick betrachtet ein geradezu gespenstisches Bild von der politischen Agonie und der Handlungsunfähigkeit der Regierung des autoritären Ständestaates.

Politische Beiträge werden nicht explizit als solche gestaltet, sondern bestenfalls „verkleidet" gebracht: die „bewaffneten Formationen" als Skifahrer, der Bundeskanzler als Ausstellungsbesucher; eine Bezugnahme auf die aktuelle politische Situation und die staatsgefährdende Bedrohung durch Hitlers Aggressionspolitik unterbleibt völlig.

Die zweite Ausgabe 11B vom 11. März 1938 bestätigt diesen Eindruck: Sie enthielt neben den internationalen Beiträgen die österreichischen Beiträge „Steiermark – Mariazell. Erste Bundesskimeisterschaft des V.F.-Werkes ‚Österreichisches Jungvolk'" (Beitrag Nr. 1), „Oberösterreich. Faschingszug in Ried" (Nr. 4), „St. Anton am Arlberg. Eine Filmgröße auf Skiern" (Nr. 7), „Wien. Auch auf dem Eis kann man Sprünge machen" (Nr. 10).

Es lässt sich mit heutigem Wissensstand nicht mit Sicherheit feststellen, ob die Ausgaben 11A und 11B/1938 mit ihren unpolitisch gestalteten Inhalten am Freitag, dem 11. März, noch an die Wiener Premierenkinos ausgeliefert wurden.

Zur Aufführung in den Wiener Kinos und in den österreichischen Nachspielkinos[12] sollten die fertig gestellten Ausgaben 11A und 11B in der ursprünglichen Form jedenfalls nicht mehr gelangen, sondern erst einige Zeit später in zensurierter und bearbeiteter Form.

Noch am 13. März wurden das für die Abnahme der Wochenschau zuständige Gutachterkollegium, das Österreichische Wochenschaubüro und die Vaterländische Tonfilmgesellschaft m.b.H. aufgelöst.[13] Gleichzeitig wurde die Belieferung der Kinos mit den Wochenschaukopien durch die Selenophon eingestellt und die Belieferung von „einer Parteiseite" geleitet.[14] Unmittelbar zuvor hatte der zuständige Referent im Bundeskanzleramt, Ministerialrat Dr. Hermann Pfaundler, eine Sofortmaßnahme gesetzt: per telegrafischer Mitteilung – offenbar an die Nachspielkinos in der Provinz und die Wiener Auslieferstelle der Wochenschau – wurde veranlasst, alle sogenannten „vaterländischen" Sujets[15] aus den Wochenschauen herauszunehmen. Durch diesen Handstreich einer verordneten Verstümmelung der gerade in Umlauf befindlichen Kopien[16] wurde ein erster entscheidender Schritt gesetzt: die Entfernung von Inhalten, die auf den ersten Blick als „ständestaatlich" erkannt werden konnten.

Die Wochenschau selbst wurde vorerst von der Herstellerfirma „Selenophon Licht- und Tonbildgesellschaft" weiterbetrieben, stand jedoch vollständig unter Kontrolle des Presseamtes der Gauleitung für Österreich. Am 15. März erging ein Rundschreiben an alle Kinos, das die Umbenennung der Ständestaat-Wochenschau „Österreich in Bild und Ton" in „Ostmark-Wochenschau" bekannt gab.[17]

Die erste Wochenschauausgabe nach der nationalsozialistischen Machtergreifung erschien zum planmäßigen Freitagtermin am 18. März 1938. Es ist bereits eine vollständig durchgestaltete und propagandistisch aufbereitete Ausgabe, die ausschließlich den Ereignissen vom 11. bis zum 14. März gewidmet ist und den Titel trägt: „Die Ostmark kehrt heim ins Deutsche Reich". Bemerkenswert an dieser Ausgabe ist zunächst schlicht die Einhaltung des Produktionstermins, der

11A/1938 Österreich in Bild und Ton
Originalausgabe 11. März 1938
(Titelliste, Originalfassung nicht erhalten)

1 *Steiermark. Skiwettbewerb unserer bewaffneten Formationen*
2 *Leichenfeier für Gabriele D'Anunzio*
3 *Englands Gibraltar im fernen Osten*
4 *Paris. Alt-Wien auf Schlittschuhen*
5 *Wien. Der Bundeskanzler in der ersten österreichischen Presse-Ausstellung*
6 *Louisiana, USA: Das Städchen Rodessa wurde durch einen Tornado vernichtet*
7 *Paris: Der sogenannte „Straßenfloh" im Großstadtverkehr*
8 *Illinois, USA: Der Pandabär im Zoo von Seattle erhält einen Kameraden aus der Mongolei*
9 *Kärnten. Auf der Eisfläche des Wörthersees*
10 *Coral Gables, Florida USA. Die jüngste Generation im Boxring*

11A/1938 Ostmark-Wochenschau
Zensurausgabe nach 18. März 1938

1 *Die historische Reichstagsrede des Führers nach der Wiedervereinigung der Ostmark*
2 *Leichenfeier für Gabriele D'Anunzio*
3 *Englands Gibraltar im fernen Osten*
4 *Louisiana, USA: Das Städchen Rodessa wurde durch einen Tornado vernichtet*
5 *Paris: Der sogenannte „Straßenfloh" im Großstadtverkehr*
6 *Illinois, USA: Der Pandabär im Zoo von Seattle erhält einen Kameraden aus der Mongolei*
7 *Kärnten: Jubel im befreiten Villach*

nicht nur einen bruchlosen Übergang von der Ständestaat-Wochenschau zur Ostmark-Wochenschau gewährleistete, sondern auch einen ungeheuren Aktualitätsschub beinhaltete.

Bereits das Eingangssignet rückt auf einen Blick und mit einem Schlag die geänderte politische Situation ins Licht: „Ostmark", erscheint in gotischen Lettern für etwa 2 Sekunden auf der Leinwand, ehe darunter „Wochenschau" eingeblendet wird. Danach folgt ein zweites, ebenfalls in gotischen Lettern gestaltetes Insert mit dem einzigen Beitragstitel der Ausgabe: „Die Ostmark kehrt heim ins Deutsche Reich". Mit einfachen semiotischen Mitteln[18], jedoch eindringlich und unübersehbar wird der Wechsel von einem politischen System zu einem anderen in einem Bildsignal umgesetzt. Vom ersten sichtbaren Moment an geht es in der Ostmark-Wochenschau um die Auslöschung eines alten (österreichischen) Zeichensystems und die Einführung eines neuen (reichs-)deutschen. Bereits in der darauf folgenden Ausgabe vom 25. März 1938 sollte dieses Signet um die Einblendung eines in faschistischer Ästhetik stilisierten überlebensgroßen deutschen Helden (Siegfried-Motiv) im Bildhintergrund ergänzt werden, das in der letzen „Ausbaustufe" um die akustische Einblendung des Deutschlandliedes zu einem nationalsozialistischen Gesamtbild vervollständigt wurde.

In der allerersten Phase der Ostmark-Wochenschau ging man jedoch in der Gestaltung noch nicht ganz so weit und beschränkte sich auf die ideologische Aufbereitung der Ereignisse in Bild und Ton.

Die ersten Sequenzen der Ausgabe vom 18. März zählen zu den historisch wohl interessantesten dieser Ausgabe. Sie beinhalten Straßenszenen aus Graz vom 11. und vom 12. März 1938. Die ersten Aufnahmen sind mit größter Wahrscheinlichkeit auf den 11. März zu datieren. In Graz fanden schon seit den Vormittagsstunden des 11. März nationalsozialistische Kundgebungen statt. „Der Hauptplatz wurde mit aufgepflanztem Bajonett geräumt, ohne dass es Verletzte gegeben hätte."[19] Soldaten des Kraftfahrjäger-Bataillons Nr. 2 sicherten die Straßen und das Landhaus.

Die Wochenschauaufnahmen zeigen mit einer rein statischen Kamera in halbnahen und halbtotalen Dokumentaraufnahmen die zunächst noch gänzlich unorganisierten Menschenaufläufe um den Grazer Hauptplatz. Umrahmt und eingeleitet werden diese Sequenzen von einer kurzen Einstellung, in der ein bewaffneter Bundesheersoldat aus einer Formation von Soldaten, die ein Gebäude sichern, heraustritt und einen sehr gut gekleideten Mann auffordert, sich zu entfernen.

Der nationalsozialistische Sprecher nimmt diese kurze, fünf Sekunden dauernde Sequenz als visuellen Ausgangspunkt für die im Sinne der nationalsozialistischen Propaganda sprachliche Ausgestaltung des Beitrags. So lautet der den Bildern zugrunde gelegte Kommentar: „Mit aufgepflanzten Bajonetten müssen die Menschenmassen in den Straßen der österreichischen Städte, hier zum Beispiel in Graz, zurückgehalten werden, die immer wieder ihrer Erbitterung gegen die versuchte Abstimmung und ihre unerschütterliche Treue für Führer und Reich zum Ausdruck bringen." Die „unerschütterliche Treue" der versammelten Grazer für „Führer und Reich" wird mit Szenen bebildert, in denen die berittene Polizei die sich formierenden nationalsozialistischen Demonstrationen abwartend beobachtet. Abgeschlossen wird die filmische Gestaltung der Ereignisse vom 11. März durch Dokumentaraufnahmen der Demonstrationen, untermalt diesmal mit eingeschnittenen „Sieg-Heil"-Schreien im Originalton.

Bereits aus der Gestaltung dieser kurzen Eingangssequenz wird die Umgestaltung der Ereignisse zu einem nationalsozialistischen Propagandabild deutlich: der Anschluss wird als eine spontane, von unten, von der gesamten österreichischen Bevölkerung ausgehende Befreiungsbewegung dargestellt und soll als solche auch medial transportiert werden, um die nationalsozialistische Propaganda für die bevorstehende, von Hitler für den 10. April festgesetzte Volksabstimmung zu unterstützen.

Keineswegs soll mit dieser Analyse die mehr als augenscheinliche Tatsache in Abrede gestellt werden, dass in den österreichischen Provinzstädten und in Wien eine Unzahl von Menschen ihre Unterstützung für den Nationalsozialismus bekundeten und sich aktiv am Geschehen beteiligten. Gerade eine minutiöse Analyse der erhaltenen filmischen Beiträge bis auf die Einzelbildebene und die Analyse der Darstellungsmechanismen und der Komposition vermag aber neue Aufschlüsse zu bieten über die „Mikrochronologie" der Ereignisse und über die unterschiedlichsten Ausprägungen der Beteiligung der Bevölkerung. Ergänzt und im Vergleich bewertet werden müssen diese Quellen mit fotografischen und textlichen Quellen, da in einem vollständig unter Kontrolle gehaltenen und aktiv eingesetzten Propagandamedium wie der Ostmark-Wochenschau die sofort einsetzenden Terroraktionen gegen die jüdischen Bürger und auch der gesamte organisatorische Aufwand und die Kontrolle über den Ablauf und die Inszenierung der Ereignisse ab dem 12. März 1938 aus propagandistischen Gründen eben nicht berichtet und gestaltet wurden.[20]

12/1938 „Österreich kehrt heim ins Deutsche Reich"
Straßenszenen in Graz 11. März 1938.

Vielmehr ging es in der ersten Phase darum, die so genannte „Volkserhebung" visuell und akustisch zu propagieren. Ganz in diesem Sinne beginnt die zweite Hauptsequenz, die wiederum Graz „24 Stunden später" (Kommentar) gewidmet ist, mit einer Untersicht auf den mit der Hakenkreuzfahne beflaggten Grazer Uhrturm. In der Folge werden wiederum Straßenszenen von nunmehr bereits mit Hakenkreuzfahnen „geschmückten" Häusern, nationalsozialistischen Jubeldemonstrationen und der triumphalen Einfahrt der SS und des illegalen steirischen Gauleiters Walter Oberhaidacher in einem Wagen mit dem Schild „Reichsrundfunkamt" gezeigt.[21]

Auch diese Bilder aus Graz, der Stadt der „Volkserhebung", werden vom Sprecher, dessen nasaler unprofessioneller Ton sich am Ende vor Begeisterung überschlägt, als überleitendes „Illustrationsmaterial" und repräsentativ für ganz Österreich gesetzt: „Graz 24 Stunden später. Der Rücktritt der österreichischen Regierung löst grenzenlosen Jubel aus. In allen Städten, in den kleinsten Gemeinden ist das Volk auf den Beinen. Österreich ist frei, Österreich ist nationalsozialistisch. Österreich ist wieder die Ostmark des Reichs." Untermalt wird der nationalsozialistische Sprechgesang mit Marschmusik und während der Einfahrt des SS-Führers mit dialektgefärbtem Originalgeschrei aus der am Straßenrand aufgereihten Menge, die immer wieder skandiert: „Adolf Hitla! Adolf Hitla! Adolf Hitla!"

Nach diesen recht ausführlichen Eingangssequenzen aus Graz folgt ein Zusammenschnitt von Bildbeiträgen aus „ganz Österreich": Linz, Braunau, Salzburg und Wien.

„In Kolonnen ziehen SA und SS aus allen umliegenden Gemeinden nach Linz", leitet der Sprecher eine Bildsequenz ein, die in zwei kurzen Einstellungen marschierende Gruppen auf einer Landstraße zeigt. Die Bildfolgen aus Linz sind zur Gänze mit Marschmusik unterlegt, ohne gesprochenen Kommentar. Gezielt wird mit technischen Mitteln „Stimmung" gemacht. Die Kameraführung und der Schnitt sind dynamischer gehalten als in den Beiträgen aus Graz. Das Aufnahmeteam nimmt ganz offensichtlich bereits am Handlungsablauf teil. Der Propagandaflug einer Fliegerstaffel wird durch den Schnitt mit dem Einzug der Hitlerjugend parallelisiert, aus einem fahrenden Wagen werden die Menschen am Straßenrand „bewegt" ins Bild gesetzt, bis schließlich am Hauptplatz bildfüllend die Parolen die Funktion des Kommentators übernehmen: „Nieder mit den Saboteuren der Versöhnung", „Oberösterreich ist nationalsozialistisch" und „Die Volksgemeinschaft erhebt sich".

Erst in der nächsten Handlungssequenz, die Bilder aus Wien vom 12. März zeigt, taucht der Kommentator wieder auf. „Nach Beseitigung des unerhörten Druckes der letzten Tage zeigt sich in spontanen

12/1938 „Österreich kehrt heim ins Deutsche Reich": Straßenszenen in Graz 11./12. März 1938.

11. März. Nationalsozialistische Demonstration

Passanten und Straßensperre

12. März. Beflaggung mit Hakenkreuzen

Einfahrt der SS

12/1938 „Österreich kehrt heim ins Deutsche Reich": Straßenszenen in Graz und Oberösterreich 11./12. März 1938.

11. März. Berittene Polizei in Warteposition

12. März. Uhrturm mit Hakenkreuz

12. März. Illegaler Gauleiter Walter Oberhaidacher

12. März. Linz Umgebung. Gruppen von SA und SS marschieren nach Linz.

12/1938 „Österreich kehrt heim ins Deutsche Reich": Straßenszenen in Linz, Wien und Grenze bei Braunau 12. März 1938.

Linz. Nationalsozialistische Jubelkundgebung in Linz

Linz. NS-Parolen am Hauptplatz

Wien. Ballhausplatz. Menschenmenge mit Kamerawagen der Wochenschau am Ballhausplatz

Grenze bei Braunau. Ankunft Hitlers im offenen Mercedes

12/1938 „Österreich kehrt heim ins Deutsche Reich": Grenze bei Braunau und Wien 12.–14. März 1938.

Wien. NS-Jubelbild am Ballhausplatz

Seyß-Inquart und Jury am Balkon des Bundeskanzleramts

Grenze bei Braunau. Menschspalier in Erwartung Hitlers

14. März. Wien. Mariahilferstraße. Ankunft Hitlers

12/1938 „Österreich kehrt heim ins Deutsche Reich"
Hitler, Seyß-Inquart, Glaise-Horstenau.
Vor dem Hotel Imperial. 14. März 1938.

Endsignet

Kundgebungen eindeutig das klare Bekenntnis des deutsch-österreichischen Volkes."

Ebenso wie in Graz werden in Wien „Zeichen" gesetzt: die Hakenkreuzfahne auf dem Rathaus und auf dem Parlament wird in kurzen Einstellungen gezeigt, das Entfernen „der verhassten Zeichen des Regimes" wird eigens dargestellt, minutenlang übernimmt wieder der Originalton mit Hitlergeschrei von Demonstranten die Rolle des Kommentators, während die Kamera aus verschiedenen Positionen über die sich versammelnden Menschenmengen in der Kärntner Straße, vor dem Deutschen Reisebüro gegenüber der Oper, Am Hof und am Ballhausplatz schwenkt. Bei der Darstellung all dieser Geschehnisse nach dem Bekanntwerden von Schuschniggs Rücktritt am späten Nachmittag des 11. März bezieht das Aufnahmeteam immer deutlicher Position. Sind die ersten Szenen auf der Kärntner Straße noch aus der Entfernung, beobachtend und im Dokumentarstil gehalten, so nimmt man bei der Demontage einer Tafel am Gebäude der Vaterländischen Front Am Hof bereits die Perspektive der Demonstranten ein.[22] Vollends Teil des Geschehens wird das Aufnahmeteam der Wochenschau am Ballhausplatz: der Kamerawagen wird mitten unter den Demonstranten platziert und das Aufnahmeteam begibt sich mit einer zweiten Kamera auf Augenhöhe mit den Totengräbern Österreichs: „Dr. Seyß-Inquart, der das Vertrauen des Führers und mit ihm des ganzen deutschen Volkes genießt. Ihm zur Seite Dr. Jury", vermerkt dazu der Kommentator, um sodann wiederum dem unterlegten Originalgeschrei das Feld zu überlassen.

Auch der aus einer rein statischen Kameraposition aufgenommene Fackelzug vom Abend des 12. März wird vom Sprecher nur kurz eingeleitet, ehe die Gestalter der Wochenschau wiederum in minutenlangen Einstellungen die Bilder mit beigemischtem Originalton „für sich" sprechen lassen. Dieselbe Art der Darstellung wiederholt sich bei den Bildern vom Einzug der SA und der SS. „Sieg Heil" und „Hitler" schreiend beteiligen sich die Zuschauer am Straßenrand. Das Warten beginnt. Doch noch ist es nicht so weit. Die nächste Sequenz zeigt Bilder vom Einrücken deutscher Truppen in Salzburg, kurz mit salbungsvoller Stimme eingeleitet vom Sprecher und untermalt wiederum mit Marschmusik. Hakenkreuzfahnen schwenkend zollt die Salzburger Bevölkerung Beifall.

Doch dann hat das Warten auch für die Wochenschauzuseher ein Ende:

„Alle diese bewegenden Ereignisse sollten aber noch überboten werden. Der Führer, unser Führer" – und an dieser Stelle versagt dem Sprecher vor lauter Rührung für einen Augenblick fast die Stimme – „betritt als Triumphator den Boden seiner Heimat." Mit dieser Einleitung werden vier kurze Einstellungen versehen, die den genauestens vorbereiteten und medial inszenierten Grenzübertritt Hitlers und dessen Ankunft in Braunau am 12. März um 15 Uhr 50[23] zum Inhalt haben. Unterlegt werden diese Einstellungen mit einem beigemischten Originalton, der nicht mit den Bildern synchron geht. Es handelt sich hier bereits um den vorgezogenen Ton der nächstfolgenden Bildsequenzen aus Wien. „Der Jubel in Wien kennt keine Grenzen", lautet der Kommentar zur darauffolgenden Sequenz mit Aufnahmen vom 14. März. Vor dem Parlament und am Ring warten am späten Nachmittag Menschentrauben auf die Ankunft Hitlers. Es folgen Szenen mit Hitlers Fahrt im offenen Mercedes über den Ring bis zum Hotel Imperial. Den Abschluss bildet Marschmusik mit der Begrüßung vor dem Hotel. Die Regierungsvertreter Seyß-Inquart und Glaise-Horstenau geraten kurz ins Bild, ehe als letzte Filmeinstellung ein Hakenkreuz eingeblendet wird. Der visuelle Schlusspunkt unter die Ausgabe vom 18. März aber wird durch ein neu konstruiertes Zeichen gesetzt: ein riesiges schwarzes Hakenkreuz auf weißem Hintergrund bildet das neue Endsignet der Ostmark-Wochenschau.

10. April 1938

Stand die erste nationalsozialistischen Wochenschauausgabe vom 18. März ganz im Zeichen einer Umdeutung der Ereignisse vom 11. und 12. März zu einer spontanen Volkserhebung im Sinne der nationalsozialistischen Propaganda, so ging man in den nächsten Tagen und Wochen noch einige Schritte weiter. Nicht nur auf den öffentlichen Gebäuden und Plätzen Österreichs sollten sämtliche Zeichen des Ständestaates ausgemerzt und durch nationalsozialistische Zeichen und Inhalte ersetzt werden. Auch die Kinos wurden gezielt als Propagandastätten genutzt und für die Regionalisierung der Propaganda eingesetzt. Aktuelle Wochenschauberichte mit nationalsozialistischen Botschaften sollten die Vorbereitungsmaßnahmen für die Abstimmung vom 10. April propagandistisch begleiten und unterstützen.

Die gesamte Neuproduktion der Ostmark-Wochenschau bis zum 15. April 1938 stand im Dienst der Wahlpropaganda für den 10. April. Sie kulminierte in der „Meldung" des Wahlergebnisses durch Gauleiter Bürckel im Originalton in der Ausgabe 16A: „Zum zweiten Mal – (Pause aus Ergriffenheit) – habe ich das Glück – (Pause aus Ergriffenheit) – Ihnen-mein-Führer, die Antwort eines Volkes zu übermitteln auf die Frage, – (Pause aus Ergriffenheit) – die Sie-mein-Führer, an dieses Volk gerichtet haben."[24]

16A/1938 Gauleiter Bürckel erstattet „Meldung"

Die erwartete „Antwort des Volkes" hatte den Adressaten der Meldung selbst bereits im Voraus überwältigt, der in der Ausgabe 16B mit einem Ausschnitt aus seiner letzten Wahlrede vor der Abstimmung, gehalten in der Halle des Wiener Nordwestbahnhofs, im Originalton eingespielt wird – „... Ich selber führe euch heim!" – und am Ende wie üblich die Fassung und die Stimme zu verlieren droht, ehe er zum Höhepunkt kommt und es neuerlich aus ihm herausbricht: „Deutschland – Sieg heil!"[25]

Alles blieb dieser Dramaturgie mit dem finalen Schlussstrich unter die österreichische Geschichte bis 1938 untergeordnet, nichts sollte die Inszenierung der „Volksbewegung" und der „freien" „Volksabstimmung" stören.

Im Unterschied zum „Handballkampf Deutschland – Oesterreich 14 : 8"[26], über den aktuell berichtet worden war, fand ein Bericht über das Fußballmatch vom 3. April 1938, das nicht ganz plangemäß mit einem Sieg der Österreicher geendet hatte, erst in der Ausgabe 17A vom 22. April Aufnahme in die Ostmark-Wochenschau, um jede politische Irritation vor der Abstimmung auszuschalten.[27]

16A/1938 „Handballkampf Deutschland – Oesterreich 14:8". Seyß-Inquart bei der Ansprache

Der Handballwettkampf fand am Sonntag, dem 27. März 1938, im Wiener Stadion statt und diente „als Auftakt für die Werbewoche des deutschen Sports für die Volksabstimmung"[28]. Reichsstatthalter Seyß-Inquart und Reichssportführer Hans von Tschammer und Osten hielten in der Pause ihre Ansprachen. Die Wochenschau dokumentiert den politischen Akt im Originalton mit den Ausschnitten aus den Ansprachen der beiden Protagonisten.

Der erst nach der Abstimmung gebrachte Beitrag über das Fußballspiel hingegen wird zwar mit beigemischtem Originalton, jedoch ohne Kommentar gebracht. Bereits das Titelinsert bringt das ganze Dilemma der Gestalter zum Ausdruck: *Der erste große Fußball-Kampf im neuen Oesterreich – Freundschaftsspiel Deutschland – Oesterreich 0 : 2.* Offiziell gab es keine österreichische Nationalmannschaft mehr, nur eine „Auswahl", die ihr letztes Spiel bestritt und danach aufgelöst wurde. Das Wort „Auswahl" wollte man jedoch weder im Stadion noch im Kinosaal den Zusehern, die sich mit ihrer Mannschaft identifizierten, zumuten und so behalf man sich mit einem Trick: „Deutschland" wurde erstgereiht, und „Österreich" nachgereiht, gerade so als ob die Österreicher ein Auswärtsmatch zu bestreiten gehabt hätten.[29] In höherem Sinn traf

17A/1938 „Der erste große Fußball-Kampf im neuen Oesterreich – Freundschaftsspiel Deutschland-Oesterreich 0:2"
Verordnetes Vorspiel. Aufstellung der Mannschaften mit „Deutschem Gruß"

dies allerdings sogar zu. Weil aber der Spielverlauf sich zum Gaudium der Zuseher nicht so entwickelte, wie es der politische Fahrplan vorsah, aus dem Spiel Ernst zu werden drohte, die Emotionen hoch gingen und die Zuseher immer lauter die letzte österreichische Nationalmannschaft anfeuerten und die Kameraleute, die sich ansonsten zumeist auf der Suche nach dem verlorenen Ball befanden, diese Atmosphäre auch einfingen, hatten die Gestalter der Wochenschau alle Hände voll zu tun, um den Beitrag „systemkonform" zu schneiden und dennoch die Wochenschauzuseher nicht vollends zu vergraulen. Nach einer ersten Einstellung, die im Vordergrund Zuseher mit ausgestrecktem Hitlergruß zeigt, folgt die Aufstellung der Mannschaften, ebenfalls mit Hitlergruß. Nach der Platzwahl durch die beiden Kapitäne und kurzen Spielszenen werden die anwesenden Nazigrößen kurz gezeigt. Der erneut – wie schon beim Handballmatch von voriger Woche – anwesende Reichssportführer Hans von Tschammer und Osten und der neben ihm sitzende, für den Sport zuständige und von Gauleiter Bürckel in seinen Stab zum Leiter der Organisationsabteilung berufene Dr. Friedrich Rainer werden als Zuseher eingeschnitten. Aber nach dem ersten Tor der Österreicher durch den österreichischen Kapitän Matthias Sindelar[30], das die Kameraleute nicht rechtzeitig einfangen konnten, weil die Spielfeldkamera nach der Halbzeitpause nicht gewechselt hatte und sich noch beim österreichischen Tor befand, wechselte auch der am Spielfeld befindliche Kameramann die Seiten, begab sich zum deutschen Tor und fing den zweiten Treffer problemlos ein. Die Ergebnistafel wird eingeschnitten, ebenso die jubelnden Zuseher am Ende. Während auf der Bildebene und der emotionalen Ebene (hervorgerufen durch Bildschnitt und Ton) die Gestalter vorsichtig Partei ergriffen, enthielt man sich vorsichtshalber eines Kommentars und zog sich auf den scheinbar neutralen Originalton zurück. Gerade durch diesen Verzicht auf einen sprachlichen Kommentar und die durchgängige Geräuschkulisse aber wird der ganze Beitrag zu einem wichtigen historischen Dokument, das die ganze Gespaltenheit der Situation, die Rolle des Sports als emotionales „Dampfablassen" und gleichzeitig die spannungsgeladene Atmosphäre eine Woche vor der so genannten Volksabstimmung zeigt.

Während der Wochenschaubericht in Schnitt und Montage mehr als ambivalent die Emotionen

1. Spielhälfte. Angriff der Österreicher

2. Spielhälfte. Anzeigetafel mit 0 : 1 in der 17. Spielminute

der Zuseher und den Verlauf des Spiels einzufangen sucht, verharmlost die Wiener Zeitung in ihrem aktuellen Bericht vom 4. April die politische Dimension des Spiels zu einem „Sieg der Wiener Fußballschule". Auch im aktuell berichteten Zeitungsbeitrag bleibt aber die Darstellung nicht ganz ohne Ambivalenz, unter anderem, wenn es etwas pikant über den Spielmacher der Österreicher heißt: „Sindelar zeigte in einigen Momenten seine noch immer unerreichten Fuehrerqualitäten."[31]

Bearbeiten, Zensurieren Ummontieren

Neben der aktuellen Produktion mit ihrem klaren politischen Auftrag, die „Volksabstimmung" propagandistisch vorzubereiten, spielte aber für die Durchsetzung der nationalsozialistischen Propaganda in der österreichischen Provinz die Bearbeitung der alten „Österreich in Bild und Ton"-Wochenschauausgaben von Oktober 1937 bis März 1938 und deren Wiederaufnahme in den Vertrieb in „bereinigter" Form eine entscheidende Rolle.

Denn es waren diese alten Ausgaben der Ständestaat-Wochenschau „Österreich in Bild und Ton", die nunmehr „aktualisiert" als Ostmark-Wochenschau in den kleinen Kinos in der Provinz gespielt und gesehen

1. Spielhälfte. Platzwahl durch die beiden Kapitäne Münzenberg und Sindelar. Im Bildvordergrund der österreichische Kapitän Matthias Sindelar

wurden und in denen die nationalsozialistischen Botschaften, allen voran die „Heimkehr ins Reich" als aktuelle Nachrichten inmitten von alten Wochenschaubeiträgen unter die Leute gebracht werden sollten und konnten.

Ein Vergleich der „Ostmark-Wochenschau" mit den erhaltenen Titellisten von „Österreich in Bild und Ton" zeigt, dass die Zensurmaßnahmen weit mehr umfassten als den Austausch von Filmsequenzen, in denen Vertreter des Ständestaates, der Vaterländischen Front oder Zeichen, die an den österreichischen Staat erinnerten, ins Bild kamen. Von den für den Zeitraum vom 1. Oktober 1937 bis zum 11. März 1938 produzierten 48 Ausgaben der Ständestaat-Wochenschau sind heute im Filmarchiv Austria 26 bearbeitete und mit dem „Ostmark-Wochenschau"-Signet versehene Ausgaben erhalten. In diesen 26 Ausgaben wurden gegenüber den nicht mehr erhaltenen Originalausgaben von „Österreich in Bild und Ton" insgesamt 69 Beiträge entfernt und 55 Bei-

2. Spielhälfte. Das Tor zum 2 : 0 ist gefallen.

Jubel für die Zuseher. Hakenkreuz für die Wochenschaukamera

träge neu einmontiert.[32] Nur internationale Beiträge wurden weitgehend übernommen, während die österreichischen Beiträge zu einem erheblichen Teil zensuriert und ausgetauscht wurden.

Auffällig ist dabei das gestalterische Element dieses Vorgangs. Während in der Ständestaat-Wochenschau bis auf zwei allerdings wesentliche Ausnahmen, nämlich die Ansprachen zum Jahreswechsel von Bundeskanzler Schuschnigg und dem Generalsekretär der Vaterländischen Front, Guido Zernatto (in den nicht mehr erhaltenen Ausgaben 52A und 52B/1937 vom 24.12.1937), und der Rede Schuschniggs vor dem Bundestag (9A/1938 vom 25.2.1938) der Anfangsbeitrag der Wochenschau nicht für die explizite Propagierung politischer Botschaften genützt wurde, folgen die Bearbeitungsfassungen der Ostmark-Wochenschau bereits der Dramaturgie einer durchschnittlichen Ausgabe der UFA-Tonwoche.[33] Insbesondere die Anfangs- und Endbeiträge wurden ausgetauscht und durch politische Inhalte im Sinne der nationalsozialistischen Propaganda ersetzt, während der Unterhaltungsblock in der Regel weitgehend übernommen wurde. Eine leichte Abweichung von dieser Linie kann man in den ältesten bearbeiteten Ausgaben vom Oktober 1937 feststellen. So wurden in der Ausgabe 40A/1937 vom 1.10.1937 nicht weniger als vier österreichische Beiträge und ein von der Selenophon redigierter Auslandsbericht über „Mussolinis Reise nach Deutschland" zensuriert und durch fünf neu montierte Beiträge ersetzt. An den Anfang der Wochenschau wurde anstelle des „Österreich in Bild und Ton"-Beitrags „Steiermark. Auf dem Gebirgstruppen-Übungsplatz Seetaleralm" ein UFA-Bericht über Mussolinis Deutschlandreise gestellt: „Berlin. Der Führer und der Duce nehmen eine Militärparade ab".[34] Weitere „Folgen" dieses Besuches wurden auf spätere Ausgaben der Ostmark-Wochenschau verteilt.[35] So konnten die Betrachter der Wochenschau den Richtungswechsel in der italienischen Politik, die auch in der Ständestaat-Wochenschau eine wichtige Rolle gespielt hatte, nunmehr aus nationalsozialistischer Perspektive betrachten.

Bemerkenswert an den frühen Bearbeitungen ist der Umgang mit den österreichischen Beiträgen. So wurden in die erste bearbeiteten Ausgabe 40A/1937 direkt im „Anschluss" an den Anfangsbeitrag zwei alte, vom Jänner und März 1937 stammende „Österreich in Bild und Ton"-Beiträge einmontiert, die nach dem „aufregenden" politischen Beitrag aus Berlin mit Hitler und Mussolini als Hauptdarsteller ruhige, stimmungsvolle Winterszenen aus der Steiermark und aus Kärnten brachten. Der Inhalt dieser Beiträge mag nichtssagend erscheinen, die Bedeutung, die sich aus der Montage ergibt, ist es keineswegs. Das entscheidende Bedeutungselement bildet dabei der durch den Wechsel auf der Darstellungsebene ausgelöste emotionale Wechsel: politische Bilder werden durch Naturbilder ersetzt, auf Spannung folgt Entspannung. Die Erzeugung einer positiven Stimmung durch die Lokalisierung der Emotion ist entscheidend für die Bedeutungsbildung und wirkt zurück auf die Bewertung der Ereignisse und Szenen im Ganzen.

Das Prinzip der emotionalen Verkettung wird zum entscheidenden Gestaltungselement für die Montage und die Abfolge der Beiträge in den Zensurfassungen der Wochenschauausgaben. Auf „positiv" dargestellte nationalsozialistische Inhalte, präsentiert von einem überschwänglichen deutschen Kommentator, folgen „positiv" besetzte österreichische Beiträge, in denen die Lokalisierung der Emotion erfolgt.

Besonders deutlich wird dies in der Zensurfassung der Ausgabe 41B/1937 vom 8.10.1937. Anstelle des zensurierten Anfangsbeitrags „Wien. Feierliche Eröffnung der Stadionbrücke" wird der UFA-Beitrag „WHW – Winterhilfswerk des Deutschen Volkes – Ein Volk hilft sich selbst" vom Oktober 1937 einmontiert und direkt anschließend ein uralter österreichischer Beitrag aus dem Jahr 1936 (!) mit einem österreichischen Sprecher[36] montiert: „Niederösterreich: Karpfen für den Weihnachtstisch".

Entscheidend ist nicht die genaue historische Datierung der einmontierten Beiträge, sondern deren Verankerung im Hier und Jetzt. Das „Winterhilfswerk des Deutschen Volkes" wird auf der emotionalen Ebene mit einem Weihnachtsbrauch in Niederösterreich assoziiert. Die Botschaft wird durch die Montage und durch die Abfolge der Beiträge mit gestaltet: der Nationalsozialismus soll als soziale, in den Jahreszyklus eingebettete, gleichsam „naturgegebene" Bewegung den Österreichern nahegebracht werden. Die Lokalisierung leistet weit mehr als eine rein geografische Zuordnung, sie schafft vielmehr erst die Basis für die ideologische Bindung durch den Bezug auf das Vertraute, Alltägliche, und das alljährlich Wiederkehrende. Das Einmontieren von alten Beiträgen, die im Titelinsert noch das Wappen der Bundesländer der „Österreich in Bild und

Ton"-Beiträge trugen, sollte diesen Naturalisierungseffekt, bewirkt durch einen in den Jahreszyklus eingebundenen Österreich-Bezug, leisten. Gerade aufgrund des starken Kontrastes zwischen „österreichischen" und „deutschen" Beiträgen, der insbesondere in Beiträgen mit gesprochenem Kommentar sich noch verstärkte, führte dieses „Mischverfahren" bisweilen zu absurd, nahezu subversiv wirkenden Ergebnissen für den heutigen Betrachter. So folgt in der Ausgabe 44B/1937 vom 29.10.1937 auf den anstelle des zensurierten Anfangsbeitrags „Österreich. Stätten des Friedens" einmontierten UFA-Beitrag „Berlin. Mussolini ehrt die Gefallenen des Weltkrieges" ein alter Archivbeitrag mit dem Titel „Wien. Spatzen-Kongreß". Zwei Minuten sieht man nichts außer einer Ansammlung von Spatzen auf einem Baum, ohne Kommentar, ohne Ton.

Der hohe redaktionelle Aufwand und die gestaltungsimmanenten Schwierigkeiten mögen gemeinsam mit den durch politischen Druck auf die Herstellerfirma hervorgerufenen produktionstechnischen und wirtschaftlichen Problemen dafür verantwortlich sein, dass man in den Bearbeitungen der Ausgaben von Jänner bis März 1938 auf das Einmontieren von alten Archivbeiträgen verzichtete und sich auf die Einbindung von UFA-Beiträgen und von aktuellen und neu produzierten Beiträgen konzentrierte.

Der Versuch, die alten „Österreich in Bild und Ton"-Ausgaben nicht nur zu aktualisieren, sondern vor allem auch im Sinne der nationalsozialistischen Propaganda zu politisieren, wird besonders in den einmontierten UFA-Beiträgen deutlich. Die ganze Palette der noch heute in Österreich im öffentlichen Bewusstsein verankerten und von rechtsextremen Politikern hämisch kolportierten „guten Seiten" des Nationalsozialismus taucht von Anbeginn in den Beiträgen auf, wobei am militanten und aggressiven Charakter der nationalsozialistischen „Wohltaten" von Anfang an kein Zweifel gelassen wird:

„Marine-Schulschiff „Schlageter" (41A/1937), „WHW – Winterhilfswerk des Deutschen Volkes – Ein Volk hilft sich selbst" (41B/1937), „Deutschlands Flotte vor den Arbeitern" (44A/1937), „Die Straßen des Führers wachsen" (45B/1937), „Auslandsdeutsche erleben die Heimat" (47A/1937), „Schaffendes Volk" (3B/1938), „Die Autobahnen wachsen" (6A/1938), „Der Jugend die Zukunft" (6B/1938).

Hitlers Heimholung

Ein wesentlicher Unterschied in der Präsentationstechnik gegenüber den Printmedien, in denen diese Themen – insbesondere der Autobahnbau und die Hitlerjugend – eine wichtige Rolle spielten, ist die stark emotionalisierende Wirkung der Wochenschau, die durch die Bild- und Tongestaltung erzielt wird.

Dies gilt sowohl für die rührseligen Bilder von der nationalsozialistischen Armutshilfe und den sich bis zum 1. Mai hinziehenden „Bemühungen" um die Arbeiterschaft als auch für die bereits unverkennbaren Anzeichen einer Militarisierung der Jugend und der Einstimmung einer letztendlich durch die Propagandamaschine homogenisierten Volksgemeinschaft auf den Krieg als ein Naturereignis.

Ergänzt wird die nationalsozialistische Themenpalette von „nationaler Arbeit", „Volksgemeinschaft", „Reichsautobahn" und „Jugenderziehung" durch Bilder und Einspielungen von diversen Auftritten und Reden Hitlers, der seinerseits in der Ständestaat-Wochenschau zensuriert worden war und dessen Erscheinung nunmehr in Wort und Bild unerbittlich „nachgeholt" wurde.

Die „Heimholung" Hitlers und des Nationalsozialismus nach Österreich ist das Hauptthema der Ostmark-Wochenschau. Diese Aussage trifft nicht nur auf die UFA-Beiträge, sondern gerade auch auf die neu einmontierten österreichischen Beiträge zu. Zunächst ist aus semiotischer und aus historischer Perspektive bemerkenswert, dass in den neu hergestellten Titelinserts der Ostmark-Wochenschau das Bundesländerwappen nicht mehr verwendet wird und in der letzten Phase der Ostmark-Wochenschau bereits die Gaubezeichnung anstelle der Länder eingeführt wird. Die von Gerhard Botz festgestellte stufenweise Umsetzung der nationalsozialistischen Machtergreifung auf organisatorischer und administrativer Ebene[37] findet hier ihre zeichenhafte Umsetzung in der Wochenschau.

Entscheidend für die historische Bewertung der zensurierten „Österreich in Bild und Ton"- Ausgaben ist die starke regionale Streuung der Österreich-Beiträge, die direkt dem „Anschluss" und den Ereignissen um den 11. und 12. März gewidmet sind.

So enthalten die folgenden neu bearbeiteten Ausgaben einen „Regionalbeitrag" zum Thema:

11B/11.3.1938:	„Steiermark. Nach der Machtergreifung" durch die NSDAP
11A/11.3.1938:	„Jubel im befreiten Villach"
10B/4.3.1938:	„Kundgebung im befreiten Wien"
9A/25.2.1938:	„Im befreiten Innsbruck"
8B/18.2.1938:	„Begrüßung deutscher Truppen in der Steiermark"
8A/18.2.1938:	„Wien. Ankunft deutscher Truppen"
7A/11.2.1938:	„Im befreiten Kärnten"
	„Militärparade in Wien"

Die regionale Streuung, die zumindest ebenso wichtig scheint wie die Aktualität der Beiträge, lässt darauf schließen, dass die zensurierten „Österreich in Bild und Ton"-Ausgaben vor allem einem Ziel dienten: nationalsozialistisch gefärbte Inhalte möglichst schnell in die Provinzkinos zu bringen. Das semiotische Instrument der Lokalisierung wird

30A/1938 „HJ-Lager am Faakersee"

gezielt in den Dienst der Propaganda gestellt, um eine allgemeine Botschaft zu transportieren: „(Ganz) Österreich ist nationalsozialistisch".

Ein wesentliches Stilelement aller Beiträge ist der massiv eingesetzte Originalton untermischt mit Marschmusik. So kommt der „Jubel im befreiten Villach", der in der zensurierten Ausgabe 11A vom 11.3.1938 den Endpunkt bildet, mit permanent unterlegten Adolf-Hitler-Schreien und gänzlich ohne Sprachkommentar aus. Diesen hatte einleitend bereits der Verursacher der hysterischen Jubelrufe in einem bedrohlichen Redeausschnitt, gespickt mit den für seine Rhetorik bezeichnenden apokalyptischen und blasphemischen Untertönen, selbst gegeben:

So wie ich 1933 das deutsche Volk bat, in Anbetracht der ungeheuren vor uns liegenden Arbeit mir vier Jahre Zeit zur Lösung der großen Aufgaben zu geben, so muss ich es nun zum zweiten

9A/1938 „Im befreiten Innsbruck"

Mal bitten: Deutsches Volk, gib mir noch einmal vier Jahre, damit ich den äußerlich nunmehr

vollendeten Zusammenschluss zum Segen Aller auch innerlich verwirklichen kann. Nach Ablauf dieser Frist soll dann das neue deutsche Volk zu einer unlösbaren Einheit verwachsen sein. Festgefügt im Willen seines Volkes, politisch geführt von der Nationalsozialistischen Partei, beschirmt von seiner jungen nationalsozialistischen Wehrmacht und reich in der Blüte seines wirtschaftlichen Lebens. Wenn wir diese Erfüllung kühnster Träume vieler Generationen heute vor uns sehen, dann empfinden wir das Gefühl grenzlosester Dankbarkeit gegenüber all jenen, die durch ihre Arbeit und vor allem durch ihre Opfer mitgeholfen haben, dieses höchste Ziel zu erreichen. Jeder deutsche Stamm und jede deutsche Landschaft: sie haben ihren schmerzlichen Beitrag geleistet zum Gelingen dieses Werkes. Als letzte Opfer der deutschen Einigung aber sollen in diesem Augenblick vor uns auferstehen jene zahlreichen Kämpfer der in der Liebe zum Reich zurückgekehrten alten Ostmark, die gläubige Herolde der heute errungenen deutschen Einheit waren und als Blutzeugen und Märtyrer mit dem letzten Hauch ihrer Stimme noch das aussprachen, was auch uns heute allen mehr oder weniger heilig sein soll: Ein Volk, ein Reich, Deutschland – Sieg heil!

Auch wenn in den anderen regionalen „Anschluss"-Bildern der Ostmark-Wochenschau diese Umklammerung durch eine Hitler-Rede fehlt, wie sie in der aufgrund des ursprünglichen Erscheinungsdatums besonders wichtigen Zensurausgabe vom 11. März 1938 realisiert wurde, so behielt man dennoch das Stilmittel „beigemischter Originalton unterlegt mit Marschmusik" in den Beiträgen aus der Provinz bei. Der durchgängige Einsatz eines nationalsozialistischen Sprechers mit ausführlichem Kommentar bleibt hingegen auf die Ausgabe vom 18. März 1938 und die politischen Beiträge bis zur Abstimmung vom 10. April beschränkt. Da die Herstellung und Verbreitung der Zensurfassungen sich aus organisatorischen Gründen über einen Zeitraum von einem halben Jahr erstreckte, ist dies bemerkenswert. Zum einen konnte durch den bewusst eingesetzten und gestalteten „Originalton" der Eindruck der Authentizität erzeugt werden, zum anderen wurde der Produktionsprozess beschleunigt, da mit relativ wenig Bearbeitung und ohne Zensuraufwand für den Text systemkonforme Inhalte produziert werden konnten. So konnte man im Vertrauen auf einen nationalsozialistisch gesinnten Cutter, der bei der Selenophon tätig war[38], und nach einer kurzen Phase, in der ausschließlich das Presseamt der Gauleitung das „Sagen" hatte, wieder zu einem routinemäßigen Produktionsbetrieb übergehen, der freilich ständig unter Kontrolle der nationalsozialistischen Propagandamaschinerie stand. Insbesondere in den aktuellen Beiträgen aus der Provinz und in den gestalteten Eigenbeiträgen der Selenophon kommt zum Ausdruck, wie sehr man seitens der Produktionsfirma bemüht war, keinen Fehler zu begehen, die Bilder und den Ton „für sich" sprechen zu lassen und gleichzeitig durch die Musik und die Geräusche eine ideologische Botschaft zu transportieren. Bis zum Exzess werden nationalsozialistische Märsche, insbesondere das Horst-Wessel-Lied, den Bildern unterlegt und mit Hitlerschreien untermischt. Geradezu als einen Akt vorauseilenden Gehorsams kann man die Gestaltung des sehr frühen Beitrags „Reichsjugendführer Baldur von Schirach in Wien"[39] interpretieren, der die Ankunft Schirachs und seinen Empfang am Wiener Westbahnhof am 13. März 1938 zeigt. Die Ankunft des eigentlichen Führers vorwegnehmend, der zu diesem Zeitpunkt sich noch in Linz befindet, und die Erwartungshaltung steigernd wird der für die Auftritte Hitlers reservierte „Badenweiler Marsch"[40], der in späterer Folge in der Wahlpropaganda und der „Ostmark-Fahrt des Führers"[41] noch ausgiebig eingesetzt werden sollte, dem Reichsjugendführer Baldur von Schirach untergejubelt.

Es ist eine besondere Ironie der Geschichte, jedoch keineswegs ein Zufall, dass ausgerechnet das Redaktionsbüro und weitgehend der alte Mitarbeiterstab der Ständestaat-Wochenschau für die semantische Umwertung der Ständestaat-Wochenschau und des Österreichisch-Themas zu einer nationalsozialistischen Kommunikationsmittel verantwortlich zeichnen. Dass es sich dabei um einen ganz bewusst gesetzten Vorgang handelt, lässt sich ergänzend zur analytischen Evidenz auch durch die Korrespondenzakten der Selenophon mit verschiedenen Reichsstellen belegen. In ihrem verzweifelten und letztlich erfolglosen Versuch, die Eigenständigkeit der Firma zu bewahren und eine Übernahme durch die deutsche Tobis-Sascha Filmindustrie A.G. zu verhindern, begründete die Selenophon wiederholt ihr Ansuchen um Übernahme der ständestaatlichen Verordnung zur der obligatorischen Abspielpflicht der Ostmark-Wochenschau an den für die organisatorische Vorbereitung der Abstimmung vom 10. April verantwortlichen Reichskommissar Bürckel mit dem propagandistischem Potenzial, das damit verbunden sei: „Durch die österreichische Wochenschau ist ein wertvolles propagandistisches Instrument geschaffen worden, das es gestattet, bis in die kleinsten Orte jene Aufnahmen zur Aufführung zu bringen, deren Verbreitung gewünscht wird."[42]

Dass der Einsatz eben dieses Instruments noch vor zwei Jahren damit begründet worden war, das „Österreich-Bewusstsein" zu stärken, da-

11A/1938 „Die historische Reichstagsrede des Führers nach der Wiedervereinigung der Ostmark"

43A/1937 (Zensurfassung nach 13. März 1938) „Reichsjugendführer Baldur v. Schirach in Wien"

15A/1938 „Der Führer in der Hauptstadt der grünen Steiermark"

rauf wurde eigens in beigefügten Informationen hingewiesen, um die Argumentation – allerdings unter umgekehrten Vorzeichen – zu untermauern.

1936 hatte es in einem Informationsschreiben des Bundeskanzleramtes an alle Sektionsleiter und Abteilungsvorstände über die „Oesterreichische Wochenschau (Oesterreich in Bild und Ton)" geheißen: „Sie dient dem Zwecke, den vaterländischen Gedanken im Inlande zu heben, die Leistungen und die Stärke der verantwortlichen Führung zu zeigen, dem Oesterreicher vorzuführen, was sein Land leistet und bietet, sowie Propaganda für das Verständnis des neuen Oesterreich und für den Besuch des Landes im Ausland zu machen. ... Das österreichische Selbstbewusstsein und Selbstvertrauen soll gefördert, österreichische Art gezeigt und erhalten werden."[43]

Ende April 1938 fügte der im Bundeskanzleramt für die Österreichische Tonfilmgesellschaft zuständige Referent Ministerialrat Pfaundler das Schreiben über die Österreichische Wochenschau seiner eigenen Information bei, die die Selenophon in ihrer Argumentation für die Fortführung der obligatorischen Vorführungspflicht unterstützen sollte.[44] Der Dienst der Tonfilmgesellschaft sei seit 13. März 1938, was die Belieferung der Kinos anbelangt, eingestellt und die Belieferung werde von einer Parteiseite geleitet. Unmittelbar zuvor noch habe „der Gefertigte telegraphisch alle sogenannten ‚vaterländischen' Sujets aus den Wochenschauen herausnehmen"[45] lassen. Die verpflichtende Vorführung der Wochenschau in den österreichischen Kinos stelle die finanzielle Basis für den Bilderdienst der Österreichischen Tonfilmgesellschaft dar. Mit den Leihgebühren würden unter anderem die Kosten der Selenophon als Bezahlung für die Produktion neuer Sujets beglichen, sowie ein großer Teil zur Auswechslung von zeitlich überholten Sujets in der Provinz verwendet. Durch das Ende des Vorführungszwanges wäre die Wochenschau ihrer Existenzmöglichkeit beraubt, das Angestelltenpersonal der Selenophon, das technisch vorzüglich gearbeitet habe, würde durch eine solche Maßnahme voraussichtlich arbeitslos.

Handschriftlich ergänzte der bereits im Ständestaat für die Vaterländische Tonfilmgesellschaft und die Selenophon zuständige Referent[46] bezüglich des Vorführungszwangs nunmehr: „Dieser Vorführungszwang wäre doch sehr gut zu Propagandazwecken auszunützen."[47]

Neben dem Herausstreichen der propagandistischen Einsatzmöglichkeiten ging es der Selenophon vor allem um wirtschaftliche Begründungen für das Fortführen der obligatorischen Vorführpflicht und des Auslaufens der alten Wochenschauen in den österreichischen Provinzkinos. Mit den Einnahmen aus dem Verleih und dem Austausch der Kopien sollten die bereits angefallenen Produktionskosten für die Neuproduktionen nach dem 11. März sowie für die Fortführung des Betriebes und die anfallenden Kosten für die Bearbeitungen der alten Wochenschauausgaben gedeckt werden.[48]

16A/1938 „Die Ostmark-Fahrt des Führers". Hitler in Klagenfurt

Tatsächlich blieb die Argumentation zunächst erfolgreich. Aus politischen und strategischen Gründen wurde dem Ansuchen stattgegeben und die ständestaatliche Regelung des „obligatorischen Vorführungszwangs" auf die Ostmark-Wochenschau übertragen.

Von März bis August 1938 leistete man ganze Arbeit: man produzierte neue Ausgaben der Ostmark-Wochenschau, die die „Heimkehr" feierten und die Abstimmung vom 10. April propagandistisch maßgeblich unterstützten, man bearbeitete und zensurierte alte Ausgaben der Ständestaat-Wochenschau „Österreich in Bild und Ton" und man brachte systemkonform „bis in die kleinsten Orte jene Aufnahmen zu Aufführung, deren Verbreitung gewünscht"[49] war.

Die deutsche Volksgemeinschaft

Die Ostmark-Wochenschauausgaben 19A und 19B/1938 mit dem Erscheinungsdatum 6. Mai sind schwerpunktmäßig ganz dem 1. Mai gewidmet. Zum ersten Mal wurde Hitlers alljährliche Rede im Berliner Lustgarten in ganz Österreich im Radio übertragen. Erneut nahm Hitler in Berlin Bezug auf den „Anschluss" und sprach die österreichischen Zuhörer direkt an: als Deutsche in einem heiligen Reich.

So feiern wir heute wieder den 1. Mai und dieses Mal als ein besonderes Freudenfest. Sechseinhalb Millionen Deutsche sind nun in die Grenzen unseres heiligen Reiches miteingeschlossen. Auch sie, bis in die südlichsten Teile, bis zu den Karawanken, hören in dieser Stunde zu - glücklich darüber, nun auch Teil unserer großen Gemeinschaft zu sein.[50]

In der Wochenschau wurde dieser Ausschnitt jedoch nicht gebracht. Hingegen brachten die Wochenschauausgaben 19A und 19B Berichte von den Maifeiern in Wien, Graz, Salzburg, Klagenfurt und Klosterneuburg. In Wien stehen die Menschen am Heldenplatz, um den Übertragungen der Reden von Goebbels und Hitler zuzuhören. Am Ende verkündet Hitler im Originalton über aufgestellte Lautsprecher seine Frohbotschaft:

Heute feiern wir den Tag der deutschen Volksgemeinschaft und damit den Tag jeder deutschen Arbeit, auf die wir so stolz sind ... Einmal müssen wir uns dessen freuen. Und dazu ist dieser Feiertag geschaffen worden: der Tag der deutschen Volksgemeinschaft. Deutschland – Sieg heil!

Das Bildmedium Wochenschau zeigt die Szenen vor Ort, in der Ausgabe A aus Wien, in der Ausgabe B, die vermutlich als erstes in die Provinzkinos kommen und für die Lokalisierung sorgen sollte, Szenen aus Österreich. In beiden Fällen ist es die über Lautsprecher übertragene Stimme des Redners, die für seine Anwesenheit sorgt, ein Bild aus Berlin würde den Eindruck stören, nur die Abwesenheit visualisieren. Einmal mehr geht es um die Inszenierung des Hier und Jetzt, um die Heimholung Hitlers und die Vereinnahmung eines Volkes zu einer homogenisierten Volksgemeinschaft, jenseits aller Klassen. Insbesondere im „roten Wien" wurde die Umfunktionierung des 1. Mai zum „Tag der deutschen Volksgemeinschaft" zu einem mit ganz besonderem Aufwand betriebenen Unterfangen. Die Wochenschaugestalter erinnern im Titelinsert noch an die Vergangenheit und fügen lediglich dem „Tag der Arbeit" ein „national" hinzu: „Der Tag der nationalen Arbeit" lautet der Beitragstitel. Während also Goebbels und Hitler sprachlich die Arbeit erledigen mussten, um den 1. Mai zum „Tag der deutschen Volksgemeinschaft" werden zu lassen, zeigen die restlichen Bilder aus Wien ein Volksfest im Prater und ein Riesenfeuerwerk auf dem Trabrennplatz. Auch in den österreichischen Städten – mit Ausnahme von Klagenfurt, wo man sich inszenatorisch ordentlich ins Zeug haut – wirken die ganzen Festivitäten eher wie ein zusätzlich dahergekommenes, zweites Kirchtagsfest.

Dennoch gibt es einen Wochenschaubeitrag, der einen visuellen Eindruck davon vermittelt, was sich der Erfinder der „deutschen Volksgemeinschaft" unter dieser Feier vorstellte und als kollektiven Albtraum im ganzen nunmehr großdeutschen Reich zu verwirklichen gedachte. Es handelt sich um die einmontierte Einspielung mit einem Ausschnitt aus Hitlers Rede zum 1. Mai 1937 im Berliner Lustgarten in die alte Ständestaat-Wochenschauausgabe 2A/1938 (mit ursprünglichem Erscheinungsdatum 7.1.1938). Wie üblich bei den eingespielten Hitlerreden wird im Insert („Die große Rede des Führers im Berliner Lustgarten") die korrekte Datierung des Ereignisses vorenthalten, sodass für die Zuseher durchaus der Eindruck entstehen konnte, es handle sich um einen aktuellen Beitrag und eine Aufzeichnung vom 1. Mai 1938 in Berlin.

Der Beitrag beginnt mit einer Massenszene, Soldaten und Zivilisten mit Hitlergruß säumen Heil schreiend den Straßenrand. Hitler, stehend im Wagen, antwortet mit abgewinkelter Grußhand der Masse. Die Kamera befindet sich im Wagen vor ihm und gibt den Blick auf die anfahrende Wagenkolonne frei. Abwechselnd wird durch den Filmschnitt mit Aufnahmen aus dem fahrenden Kamerawagen die Kommunikation zwischen Hitler und der Zusehermasse hergestellt, während die Wagenkolonne sich über die breit gestreckte, mit Hakenkreuzfahnen und Maischmuck versehene Allee zum Lustgarten bewegt. Ein Maikranz gerät groß ins Bild, dann Hitler, der mit

19A und 19B/1938 „Der Tag der nationalen Arbeit in Oesterreich".
Links: 19A/1938 „Der Fuehrer spricht".
Radioübertragung von Hitlers Rede am Heldenplatz
Rechts: 19B/1938 „Der 1. Mai in Graz".

weitem Schritt an einem Spalier vorbei geht, bis er alleine im Bild ist. Eine Hakenkreuzfahne wird groß aufgezogen. Hitler geht über eine Stiege zum Rednerpult. Erneut wird groß die Hakenkreuzfahne ins Bild gesetzt, darauf ein Schwenk über die Masse mit Blick auf eine Hakenkreuzwand im Bildhintergrund, während der Sprecher Hitler begrüßt: „In dieser Stunde wollen wir Ihnen danken für den Aufbau, der uns alle wieder glücklicher und Deutschland schöner und mächtiger gemacht hat."

Heilschreie und ausgestreckte Hände aus der Masse bilden die Antwort. Hitler steht am Rednerpult, beginnt seine Rede: „Meine deutschen Volksgenossen und -genossinnen". Hitler senkt den Kopf. Auf die kurze Pause folgt ein Filmschnitt. In extremer Untersicht wird ein Maibaum eingeschnitten. Die Kamera schwenkt so lange nach oben, bis die mit Hakenkreuzen versehene Spitze des Maibaums sichtbar wird. Die Pause ist zu Ende. Hitler am Rednerpult gerät wieder ins Bild, ein Ausschnitt seiner immer wieder durch rhythmische Pausen gestalteten Rede wird eingeschnitten:

Es ist der glanzvolle Tag der Aufrichtung einer neuen großen Volksgemeinschaft, (die) über alle Gebiete hinweg sich breitet, die Stadt und Land zusammenfasst, Arbeiter, Bauer, Intellektuelle, geistige Arbeiter zusammenfügt zu einer Gemeinschaft und – Pause – allen stehen lässt des Reiches Wehr und Waffen.
Dieser Tag ist der große Festtag – Pause – der deutschen Volksgemeinschaft – Pause – und was ist – Pause – daran näher liegender als dass wir gerade an diesem Tag uns ganz inbrünstig zu unserem Volk wieder bekennen. Wir können dieses Bekenntnis nicht oft genug erneuern, dass wir es wieder – Pause – aussprechen dieses Bekenntnis, dass wir diesem Volk gehören wollen, dass wir ihm dienen wollen, dass wir alle eine Gemeinschaft sein wollen, dass wir uns bemühen, uns gegenseitig zu verstehen, dass wir das Trennende überwinden wollen, dass wir siegen wollen über die dummen Zweifler, oder Spötter, oder – Pause – die lächerlichen, ewigen kleinen Kritikaster, dass wir erneuern wollen vor allem – Pause – gerade an diesem Tag wieder den Glauben an unser Volk, die Zuversicht, dass unser Volk ein hervorragendes, tüchtiges, fleißiges und anständiges Volk ist, und dass dieses Volk seine Zukunft haben wird, weil wir da sind und weil wir für diese Zukunft sorgen!

Immer wieder werden während der Rede Einstellungen mit Totalaufnahmen eingeschnitten mit Filmschwenks über die Masse und ein Meer von Hakenkreuzfahnen. Am Schluss der Rede wird die Trias Hitler – Fahne – Volk in ganz kurzen Einschnitten noch einmal mit aller Gewalt ins Bild gesetzt.

Links: 19B/1938 „Der 1. Mai in Klagenfurt"
Rechts: 19B/1938 „Die Maifeier in Klosterneuburg"

2A/1938 „Die große Rede des Führers im Berliner Lustgarten" (7.1.1938. Zensurfassung Mai 1938)

Während es aus Hitler wie üblich am Ende herausbricht: „Unser deutsches Volk und unser deutsches Reich. Sieg Heil", sieht man die ausgestreckten Hände der Zusehermasse und hört die Heil-Schreie:
Hitler schreit: „Sieg"
Kamera: Schnitt und Fahne
Hitler: „Heil" und „Sieg"
Kamera: Schnitt und Volk
„Volk": „Heil"
Kamera: Schnitt und Hitler
Hitler: „Heil"

2A/1938 „Die große Rede des Führers im Berliner Lustgarten" (7.1.1938. Zensurfassung Mai 1938)

2A/1938 „Die große Rede des Führers im Berliner Lustgarten" (7.1.1938. Zensurfassung Mai 1938)

Kamera: Schnitt und Masse in extremer Aufsicht, Hakenkreuzfahnen bilden eine Wand
„Volk": „Heil"

Die nationalsozialistische 1.-Mai-Prozession endet mit der Deutschlandhymne und nationalso-
zialistischem „Weihegesang". Hitler steht mit ausgestreckter Hand am Rednerpult, die Hakenkreuzfahne wird eingeschnitten, dann ein Blick auf die Masse mit ausgestreckter Hand: noch
einmal setzt die Wochenschau die nationalsozialistische Dreifaltigkeit ins Bild:
Führer – Fahne – Volk.
Ende.

2A/1938 „Die große Rede des Führers im Berliner Lustgarten" (7.1.1938. Zensurfassung Mai 1938)

19A/1938 „Das große Volksfest im Prater"
(1. Mai 1938)

30B/1938 „Gefechtsübung eines steirischen
Gebirgs-Jäger-Bataillons"

Genau einen Satz zu spät hatten die Gestalter der Wochenschau den Redeausschnitt Hitlers beginnen lassen: am Beginn des Schlussteils seiner Rede, die als Beitrag zum 1. Mai 1938 in eine alte Wochenschau des österreichischen Ständestaates eingespielt wurde, um in den kleinen ländlichen Kinos das Flair der großen weiten Welt zu verbreiten und den „Führer" „heimzuholen", und die tatsächlich am 1. Mai 1937 gehalten worden war hatte Hitler nämlich gesagt: „So ist denn dieser 1. Mai der glanzvolle Feiertag der Auferstehung des deutschen Volkes aus seiner Zerrissenheit und Zersplitterung"[51], um dann mit der in der Wochenschau eingespielten Passage fortzufahren.

Der österreichische Katholik Adolf Hitler inszenierte die Feiern zum 1. Mai wie eine große liturgische Osterfeier. Im Geist und Inhalt seiner Gedankenwelt pervertierte Hitler die christliche Glaubenswelt, in der Form lehnte er sich bewusst an den kirchlichen Ritualen an. Hitlers Rhetorik ist gespickt mit religiösen Anspielungen, durch die immergleiche Inszenierung seines „Erscheinens" wird der „Führer" zum „Erlöser", die gläubigen Zuseher zu nationalsozialistischen Wallfahrern.[52]

In den Beiträgen der Ostmark-Wochenschau wird der quasireligiöse Charakter von Hitlers Heimholung nach Österreich vor allem in den Beiträgen zur „Ostmarkfahrt des Führers" sichtbar, in denen die lang erwartete Ankunft von erlösenden Heilschreien begleitet wird.

Hingegen gelang die Umfunktionierung des 1. Mai zu einem Tag der deutschen Volksgemeinschaft nicht in gleichem Ausmaß, trotz des pompösen Aufwands, der dazu vor allem in Wien betrieben wurde. Dennoch bildeten die nationalsozialistischen Inszenierungen zum 1. Mai den Auftakt zu einer weiteren Phase zur Mobilisierung der Massen und der Konstitution der „deutschen Volksgemeinschaft". Hitlers Predigt vom Ende der Zerrissenheit und der Vereinigung des „Volkes" unter dem Schutzmantels des Heeres („des Reiches Wehr und Waffen"), wurde zu einem Hauptthema der letzten Phase der Ostmark-Wochenschau.

In mehreren Beiträgen über die Hitlerjugend war in der Ostmark-Wochenschau die Militarisierung der Jugend thematisiert worden. In der letzten Phase der Produktionszeit ging man in der Ausgabe 30B vom 22. Juli 1938 noch einen Schritt weiter. Mehrere Minuten lang wird ohne Kommentar, aber mit Originalton über die „Gefechtsübung eines steirischen Gebirgs-Jäger-Bataillons" berichtet. Auf den Beitrag, der die Kriegsbereitschaft der steirischen Gebirgsjäger zeigen soll, folgt ein Bericht über das „Preber-Schießen" in Salzburg. „Das Prebersee-Schießen ist ein Schützenfest, das im Lungau einmal im Jahr stattfindet. Das Ziel ist die sich im Wasser spiegelnde Scheibe, von der die abprallende Kugel die wirkliche Scheibe treffen muss oder soll", informiert sachkundig der alte österreichische Sprecher der Wochenschau, der bereits im Ständestaat die Folklorebeiträge kommentiert hatte.[53] Wiederum anschließend folgt ein Beitrag über das „Ferienlager der NS-Frauenschaft in Wildegg". Die Frauen turnen in Reih und Glied, die Anführerin hisst die Hakenkreuzfahne, ebenso wie das Prebersee-Schießen endet der Beitrag volkstümlich, beim lustigen Tanzen und Singen.

So konstituierte sich dergestalt auch in der Wochenschau die „deutsche Volksgemeinschaft" bis zum Sommer 1938. Am Ende der Produktionszeit der Ostmark-Wochenschau wurde schließlich das letzte offene Thema der nationalsozialistischen Ideologie als Propagandathema in die Wochenschau aufgenommen. Die Ausgabe 32A vom 5. August 1938 beginnt mit einem Beitrag über den „Führer in Bayreuth". Dann geht es nach Wien, wo Reichsstatthalter Seyß-Inquart die aus Deutschland überführte Ausstellung „Der ewige Jude" eröffnet. Seyß-Inquart wird im Originalton bei seiner Ansprache gezeigt:

Der Augenblick der Eröffnung dieser Ausstellung und der Übergabe an die Öffentlichkeit bietet die Gelegenheit, darüber nachzudenken, welchen Sinn diese Ausstellung haben soll. Zum ersten werden wir, wenn wir durch die Räume gehen werden, erinnert an die Zeit, da das, was uns nunmehr nur noch von den Wänden herabschaut, noch einmal eine grausame und eine grausige Wirklichkeit war. Wenn wir heute, besonders in der Ostmark, an die Fragen der Arisierung herangehen, so soll die ganze Welt sich darüber ins Klare kommen, dass der Nationalsozialismus nicht vernichtet und nicht zertrümmert. Der Nationalsozialismus baut auf. Unserer Generation ist die Aufgabe gestellt, die endgültigen Lebensrechte und Lebensvoraussetzung des deutschen Volkes sicher zu stellen. Die Vorsehung hat uns die Gewähr für den Weg gegeben. Die Vorsehung hat uns den Führer gegeben. Und in der Hand des Führers zu sein, und diesen Weg des deutschen Volkes dem Führer nach zu gehen, das allein bereitet die sicherste Gewähr, dass wir unser Ziel erreichen werden.

Mit keinem Wort und mit keinem Bild waren in der Ostmark-Wochenschau die Verhaftungen, die antisemitischen Ausschreitungen und die Repressionen gegen die jüdischen Bürger Österreichs erwähnt worden, die von Anfang an und kontinuierlich den „Anschluss" Österreichs an das Deutsche Reich begleitet hatten.
Nun war die Zeit auch dafür gekommen. Die deutsche Volksgemeinschaft hatte sich konstituiert und sie begann ihr wahres Gesicht auch in der Wochenschau zu zeigen.

Epilog

Dic Ostmark-Wochenschau holte Österreich endgültig heim, solange, bis ihre Betreiber selbst heimgeholt wurden.
Der 5. August, der Tag des Erscheinens der Ausgaben 32A und 32B, wurde auch für die Produktionsfirma der Ostmark-Wochenschau zu einem entscheidenden Datum.
Am selben Tag wurde die Selenophon Licht- und Tonbildgesellschaft unter starkem wirtschaftlichen und politischen Druck in eine Vereinbarung mit der Tobis Tonbild Syndikat A.G. Berlin und der Tobis-Sascha Filmindustrie A.G. Wien gedrängt, alle Angestellten und Betriebstätten von der neuen „Gruppe Tobis" übernommen, alle Vertragsrechte, alle Patent- und Urheberrechte abgetreten. Mit einem Schlag übernahm damit die Tobis das gesamte Wochenschaugeschäft in Österreich und sicherte sich damit ein Quasi-Monopol bis zum Auslaufen der Ostmark-Wochenschau. Im November 1938 stellte die Selenophon die Produktion ein, die Wochenschau lief noch bis in den Mai 1939 in den österreichischen Kinos. Die Ostmark-Wochenschau endete sang- und klanglos in Wien und den kleinen Kinos der österreichischen Provinz.
Der ultimative Schlusspunkt mit der Wochenschau als propagandistischem Kampfinstrument stand freilich noch bevor: der zentralisierte und gleichgeschaltete Einsatz der Deutschen Wochenschau als politisches Kampfinstrument und propagandistische Speerspitze des nationalsozialistischen Terrorregimes im Zweiten Weltkrieg.

Anmerkungen

1 Kershaw, Ian: *Hitler 1936–1945*, München 2002, S. 125.

2 Ebd.

3 Botz, Gerhard: *Nationalsozialismus in Wien. Macht-übernahme und Herrschaftssicherung 1938/39*. Buchloe 1988, S. 55.

4 Ebd., S. 56.

5 Schmidl, Erwin A.: *Der „Anschluss" Österreichs. Der deutsche Einmarsch im März 1938*. Bonn 1994, S. 167–170 u. Bildteil nach S. 160.

6 Im Ostmärkischen Film-Jahrbuch 1939 werden die Kinos penibel aufgeführt, mit Fassungsraum, Spielzeit und Jahr der Eröffnung. Als besonderer Bonus für den Leser findet sich im Jahrbuch ein Dokumententeil mit einer politischen Chronologie (genannt „Geschichtstafel") von 1918 bis 1938, eine Karte des Deutschen Reiches und die Gau- und Kreiseinteilung der „Ostmark" (s. Dokumentation). Ich danke Herrn Peter Spiegel, Filmarchiv Austria für den Hinweis auf diese wichtige Quelle. Zimmer, Peter (Hg.): *Ostmärkisches Film-Jahrbuch 1939*. Wien 1939. Auflistung der Kinos: S. 23–43.

7 Grundlage für die folgenden Ausführungen sind die Akten zur Korrespondenz der Selenophon mit Reichskommissar Bürckel, Dr. Max Winkler, verschiedenen Stellen des Reichskommissariats für die Wiedervereinigung Österreichs mit dem Deutschen Reich und dem Reichsministerium für Volksaufklärung und Propaganda in Berlin, April–Dezember 1938.
Selenophon an Presseamt der Gauleitung für Österreich, Beilage X. 2.5.1938. Archiv der Republik (AdR), Bestand Reichskommissar für die Wiedervereinigung Österreichs mit dem Deutschen Reich (RKfdWÖ), „Bürckel" Materien, Karton 237 (alt: 194), Ordner 391, Mappe „Selenophon".

8 Achenbach, Michael: „.... *Wenn der Erfolg gewährleistet sein soll." Hintergründe zu einem Propagandainstrument des Ständestaates*. In: Achenbach, Michael; Moser, Karin (Hg.): *Österreich in Bild und Ton. Die Filmwochenschau des austrofaschistischen Ständestaates*. Wien 2002. S. 73–98, S. 79ff.

9 *Selenophon an Presseamt der Gauleitung für Österreich, Beilage X. 2.5. 1938*. AdR, RKfdWÖ, „Bürckel" Materien, Karton 237 (alt: 194), Ordner 391, Mappe „Selenophon".

10 So nannte man jene Kinos, die erst Wochen nach den großen Premierenkinos die inzwischen inaktuellen Wochenschauausgaben zugeteilt bekamen.

11 Ein Bildbericht mit Schuschnigg am Titelblatt erschien in: „Das Interessante Blatt", 10. März 1938, S. 1.

12 Nach dem Aufteilungsschlüssel wurden zunächst die großen Wiener Premierenkinos mit den aktuellen Ausgaben bedient, danach erst die „Nachspielkinos" in Wien und der Provinz.

13 *Information (über die Vaterländische Tonfilmgesellschaft), ohne Datum, gez. Pfaundler*. AdR, RKfdWÖ, „Bürckel" Materien, Karton 237 (alt: 194), Ordner 391, Mappe „Selenophon".
Zur Organisationsgeschichte von „Österreich in Bild

und Ton" siehe auch: Mitteregger, Irmgard: *Die Wochenschau des Österreichischen Ständestaates 1933–1938. Organisation und Integration des staatlichen Zwangsbetriebes „Österreich in Bild und Ton" und sein Schicksalsweg vom Propagandainstrument zur Bereicherungsquelle*. Dipl.Arb. Wien: 1990, S. 81, sowie Jagschitz, Gerhard: *Politische Aspekte der Wochenschau vom März 1938 bis Kriegsbeginn*, in: Fritz, Walter (Hg.): *1938 im Film – Vorher/Nachher*, Wien 1989. (Schriftenreihe des Österreichischen Filmarchivs 22), S. 6–14.

14 *Information (über die Vaterländische Tonfilmgesellschaft), ohne Datum, gez. Pfaundler*. Archiv der Republik AdR, RKfdWÖ, „Bürckel" Materien, Karton 237 (alt: 194), Ordner 391, Mappe „Selenophon".

15 Ebd.

16 Im Entfernen und Austauschen von einzelnen inaktuellen Beiträgen („Bildern" im Jargon der Zeit) hatten die Mitarbeiter der Selenophon durchaus Übung. Dies war gängige Praxis bereits im Ständestaat. Die politische Anordnung zur physischen Entfernung von allen „vaterländischen" Sujets wurde lückenlos exekutiert und führte in letzter Konsequenz zur völligen Vernichtung dieses Materials, das heute nicht mehr verfügbar ist. Lediglich aus vorhandenen Schnittlisten und Titellisten sind die ursprünglichen Inhalte und Abfolgen rekonstruierbar.

17 Mitteregger, S. 81.
In den wöchentlichen Kinoprogrammen der Tageszeitungen beworben wurde die „Ostmark-Wochenschau" im Unterschied zur Bavaria und zur UFA-Tonwoche im März 1938 namentlich nicht. Zum einen war offenbar die neue „Marke" nicht werbewirksam genug, zum anderen hatten die Bavaria und die UFA politisch und wirtschaftlich einen viel sichereren Status als die Selenophon (vgl. etwa Wiener Zeitung, 18. und 25. März 1938, Reichspost, 25. und 26. März 1938, Salzburger Volksblatt, 18.–31.März 1938).

18 Die Semiotik (auch Semiologie) befasst sich mit der Analyse von Zeichen und Zeichensystemen. Zur Wochenschau als Zeichensystem verweise ich auf meine gemeinsam mit Georg Schmid geschriebene Arbeit: Petschar, Hans; Schmid, Georg: *Erinnerung und Vision. Die Legitimation Österreichs in Bildern. Eine semiohistorische Analyse der Austria Wochenschau 1949–1960. Mit einem Beitrag von Herbert Hayduck*, Graz 1990.

19 Schmidl, Erwin A.: *Bundesheer und Wehrmacht in Graz 1938*. In: Historisches Jahrbuch der Stadt Graz. Band 18/19: Graz 1938. Graz 1988. S. 137–166. S. 152. Zur Situation in der Steiermark allgemein: Karner, Stefan: *Die Steiermark im Dritten Reich 1938–1945. Aspekte ihrer politischen, wirtschaftlich-sozialen und kulturellen Entwicklung*. Graz-Wien 1986.

20 Zum Einsatz der Fotografie und der Bildpublizistik als Propagandamedium siehe: Jagschitz, Gerhard: *Photographie und „Anschluss" im März 1938*, in: Rathkolb, Oliver; Duchkowitsch, Wolfgang; Hausjell, Fritz (Hg.): *Die veruntreute Wahrheit. Hitlers Propagan-*

disten in Österreich '38. Salzburg 1988. (= Schriftenreihe des Arbeitskreises für historische Kommunikationsforschung 1), S. 52–87.

21 Zu Oberhaidacher siehe: Staudinger, Eduard G.: *Zur Entwicklung des Nationalsozialismus in Graz von seinen Anfängen bis 1938*. S. 49–50.

22 Die Demontage des großen Kruckenkreuzes selbst und dessen Zerstörung durch die Demonstranten noch am Abend des 11. März hatte das Aufnahmeteam versäumt. So behalf man sich mit einer „Ersatzhandlung", der Demontage der Tafel, einem Schwenk auf die Leerstelle des abmontierten Kruckenkreuzes und dem Abfilmen der johlenden Menge. Zu den Szenen Am Hof siehe: Schmidl, Anschluss, S. 132 und Botz, Nationalsozialismus in Wien, S. 55.

23 Zur Chronologie des Anschlusses siehe: Castellan, Georges: *Chronologie de l'Anschluss*. in: Austriaca 4 1978, Nr. 6. S. 11–50, S. 45.

24 16A/1938 (15.4.1938): Beitrag: *Wahltag in Österreich*.

25 16B/1938 (15.4.1938): Beitrag: *Der Tag des Großdeutschen Reiches*. Redeausschnitt aus Hitlers letzter Wahlrede vor der Abstimmung in der Halle des Wiener Nordwestbahnhofs, die über alle deutschen Radiosender übertragen wurde. Vgl. Domarus, Max: *Hitler. Reden und Proklamationen 1932–1945*. 2 Bde., München, 1965. Bd. 1. Zweiter Halbband 1935–1938. S. 848.

26 15A/1938 (8.4. 1938): Beitrag: *Handballkampf Deutschland – Oesterreich 14 : 8*.

27 17A/1938 (22.4.1938): Beitrag: Wien. *Der erste große Fußball-Kampf im neuen Oesterreich – Freundschaftsspiel Deutschland – Österreich 0 : 2*.

28 Wiener Zeitung, 28. März 1938. S. 8.

29 Die improvisierte Ergebnistafel im Stadium lautete dagegen: zuoberst „Deutsche Nat. Mannschaft" und darunter „Deutsch-Oesterr. Mschft", wie nach dem 0 : 1 kurz ersichtlich wird.

30 Matthias Sindelar war der Kapitän des österreichischen Wunderteams. Zu Sindelar, seinem bis heute ungeklärten Tod am 23. Jänner 1939 und dem sogenannten „Anschlussspiel" gibt es zahlreiche Literatur und Legenden. Vgl.: Horak, Roman; Maderthaner, Wolfgang: *Mehr als ein Spiel. Fußball und populare Kulturen im Wien der Moderne*. Wien 1997.
Ich zitiere stellvertretend aus Wikipedia, Eintrag Sindelar (Stand: Februar 2008):
„Am 12. März 1938 marschierten die ersten deutschen Soldaten über die österreichische Grenze und das Land wurde Teil des Deutschen Reiches. Die österreichische Fußballmannschaft, welche sich gerade für die kommende Fußballweltmeisterschaft in Frankreich qualifiziert hatte, wurde aufgelöst. Die neuen Machthaber organisierten allerdings als Versöhnung ein Anschlussspiel zwischen „Ostmark" und „Altreich". Kapitän Sindelar ordnete an, dieses Mal nicht in den traditionellen schwarz-weißen Dressen zu spielen, sondern in neuen, rot-weiß-roten aufzulaufen. Zeitungen berichteten, wie Sindelar in diesem Spiel provokativ zahlreiche Chancen vergab und nach seinem

Tor zum 1:0 einen Freudentanz vor der Ehrentribüne der Nationalsozialisten vollführte. Reichssportführer Hans von Tschammer und Osten mahnte in der Halbzeitpause zur Ruhe."

31 Wiener Zeitung, 4. April 1938, S. 9.

32 Für eine genaue Darstellung verweise ich auf meinen Beitrag: Hans Petschar: *Von der Ständestaatwochenschau zur Ostmark-Wochenschau. Die nationalsozialistische Bearbeitung der „Österreich in Bild und Ton"-Wochenschauen vom 1. Oktober 1937 bis 11. März 1938. Eine Dokumentation.* Erscheint in: Zeitgeschichte 35 2008 H. 2.

33 Zum Aufbau der UFA-Tonwoche siehe: Bartels, Ulrike: *Die Wochenschau im Dritten Reich: Entwicklung und Funktion eines Massenmediums unter besonderer Berücksichtigung völkisch-nationaler Inhalte,* Frankfurt am Main 2004. (= Europäische Hochschulschriften: Reihe 3, Geschichte und ihre Hilfswissenschaften 995). S. 93–94.

34 28.9.1937. Zu Mussolinis Reise vom 25. bis 28. September 1937 siehe: Domarus, S. 733–739.

35 41A/1937 (übernommener UFA-Beitrag über Mussolinis Rückkehr nach Rom), 43B/1937: „Deutschland: Der Führer mit dem Duce im Manövergelände", (28.9.1937, s.: Domarus, S. 734.), 44B/1937: „Berlin. Mussolini ehrt die Gefallenen des Weltkrieges", (25.9.1937. s.: Domarus, S. 734.) 46a/1937: „Der Führer begrüßt den Duce in München", (25.9.1937. s.: Domarus, S. 734).

36 Anton Zieglmayer, der im Personalstand der Selenophon als Regisseur geführt wird, war als hauptverantwortlicher Gestalter auch für den Kommentar bei „Österreich in Bild und Ton" zuständig. Die „vertraute Stimme" des österreichischen Sprechers sollte auch nach dem März 1938 auf einer konnotativen Ebene für Kontinuität und Vereinnahmung des „Österreichischen" in der Ostmark-Wochenschau sorgen.
Personalliste (Selenophon), ohne Datum., AdR, RKfdWÖ, „Bürckel" Materien, Karton 237 (alt: 194), Ordner 391, Mappe „Selenophon".

37 Botz, Gerhard: *Die Eingliederung Österreichs in das Deutsche Reich. Planung und Verwirklichung des politisch-administrativen Anschlusses (1938–1940).* Linz 1972. (= Schriftenreihe des Ludwig-Boltzmann-Instituts für die Geschichte der Arbeiterbewegung 1).

38 *Nationalsozialistische Deutsche Arbeiterpartei, Amt für Technik, Landesleitung Österreich an Presseamt bei Gauleiter Bürckel z.H. Pg. Hülskel (richtig: Hülsdell), 5.5.1938,* AdR, RKfdWÖ, „Bürckel" Materien, Karton 237 (alt: 194), Ordner 391, Mappe „Selenophon".

39 43A/1937 (22.10.1937, Zensurfassung nach 13. März 1938). Beitrag: *Reichsjugendführer Baldur von Schirach in Wien.* (Bericht im Neuen Wiener Tagblatt, 14. März 1938, S. 6.)

40 Der Badenweiler Marsch (eingedeutscht für eigentlich: Badonviller Marsch) gilt als Hitlers Lieblingsmarsch und wurde zu seinen Auftritten häufig gespielt. Die Gestalter der Ostmark-Wochenschau übernahmen dieses Ritual in den Beiträgen zu Hitlers „Ostmark-Fahrt" im Zuge der Wahlpropaganda für die Abstimmung.

41 16A/1938 (15.4. 1938) Beitrag: *Die Ostmark-Fahrt des Führers.*

42 *Selenophon an Reichskommissar für die Wiedervereinigung Österreichs mit dem Deutschen Reich, 29.4.1938.* AdR, RKfdWÖ, „Bürckel" Materien, Karton 237 (alt: 194), Ordner 391, Mappe „Selenophon".

43 *Österreichische Wochenschau, Bundeskanzleramt Zl 8946 – Pr./36, gez. Chavanne,* beigefügt an: *Information (über die Vaterländische Tonfilmgesellschaft), ohne Datum, gez. Pfaundler.* AdR, RKfdWÖ, „Bürckel" Materien, Karton 237 (alt: 194), Ordner 391, Mappe „Selenophon".

44 *Information (über die Vaterländische Tonfilmgesellschaft), ohne Datum, gez. Pfaundler.* AdR, RKfdWÖ, „Bürckel" Materien, Karton 237 (alt: 194), Ordner 391, Mappe „Selenophon".

45 Ebd. (Anführungszeichen handschriftlich ergänzt.)

46 Zur Person Pfaundlers siehe den Eintrag in: Planer, Franz (Hg.): *Das Jahrbuch der Wiener Gesellschaft. Biographische Beiträge zur Wiener Zeitgeschichte.* Wien 1929. S. 472–473.

47 Ebd. Gez. Dr. H. Pfaundler (in Fußnote handschriftl. ergänzt: „über meine ‚Einstellung' kann am besten Minister Wolf informieren"). Pfaundler, der ehemalige Beamte des Ständestaates, unterstützte die Argumentationslinie der Selenophon gegenüber dem Reichskommissariat (Arbeitsplatzgefährdung und propagandistisches Potenzial) vollinhaltlich und reagierte gleichzeitig in handschriftlichen Ergänzungen auf die geänderte politische Situation, um seine Position gegenüber den nationalsozialistischen Machthabern abzusichern.

48 *Information* als Beilage zum Schreiben: *Selenophon an Reichskommissar für die Wiedervereinigung Österreichs mit dem Deutschen Reich, 29.4.1938.* AdR, RKfdWÖ, „Bürckel" Materien, Karton 237 (alt: 194), Ordner 391, Mappe „Selenophon".

49 *Selenophon an Reichskommissar für die Wiedervereinigung Österreichs mit dem Deutschen Reich, 29.4. 1938.* AdR), RKfdWÖ, „Bürckel" Materien, Karton 237 (alt: 194), Ordner 391, Mappe „Selenophon".

50 Domarus, S. 856.

51 Ebd. S. 691.

52 Zur Liturgie von Hitlers Reden und zu seinem Glauben verweise ich auf das nach wie vor wichtige Werk von Friedrich Heer, insbesondere: Heer, Friedrich: *Der Glaube des Adolf Hitler. Anatomie einer politischen Religiosität.* München 1968. S. 193ff. Heer nennt sein Kapitel über den „Anschluss": „Die ‚Erlösung' Österreichs als ‚Ostmark'" (S. 325–349).

53 Es handelt sich mit höchster Wahrscheinlichkeit um die leicht bearbeitete Version von altem „Österreich in Bild und Ton"-Material. Ganz bewusst wird durch die Montage mit älterem Archivmaterial eine Brücke zur Vergangenheit geschlagen und gleichzeitig durch die Abfolge der Beiträge der Krieg mit einem Volksbrauch assoziiert.

4

Dokumentation

Karte der Ostmark
Verzeichnis der österreichischen Kinos 1938
NS-Geschichtstafel 1938

Quelle: Filmjahrbuch 1939

Gau- und Kreiseinteilung der Ostmark

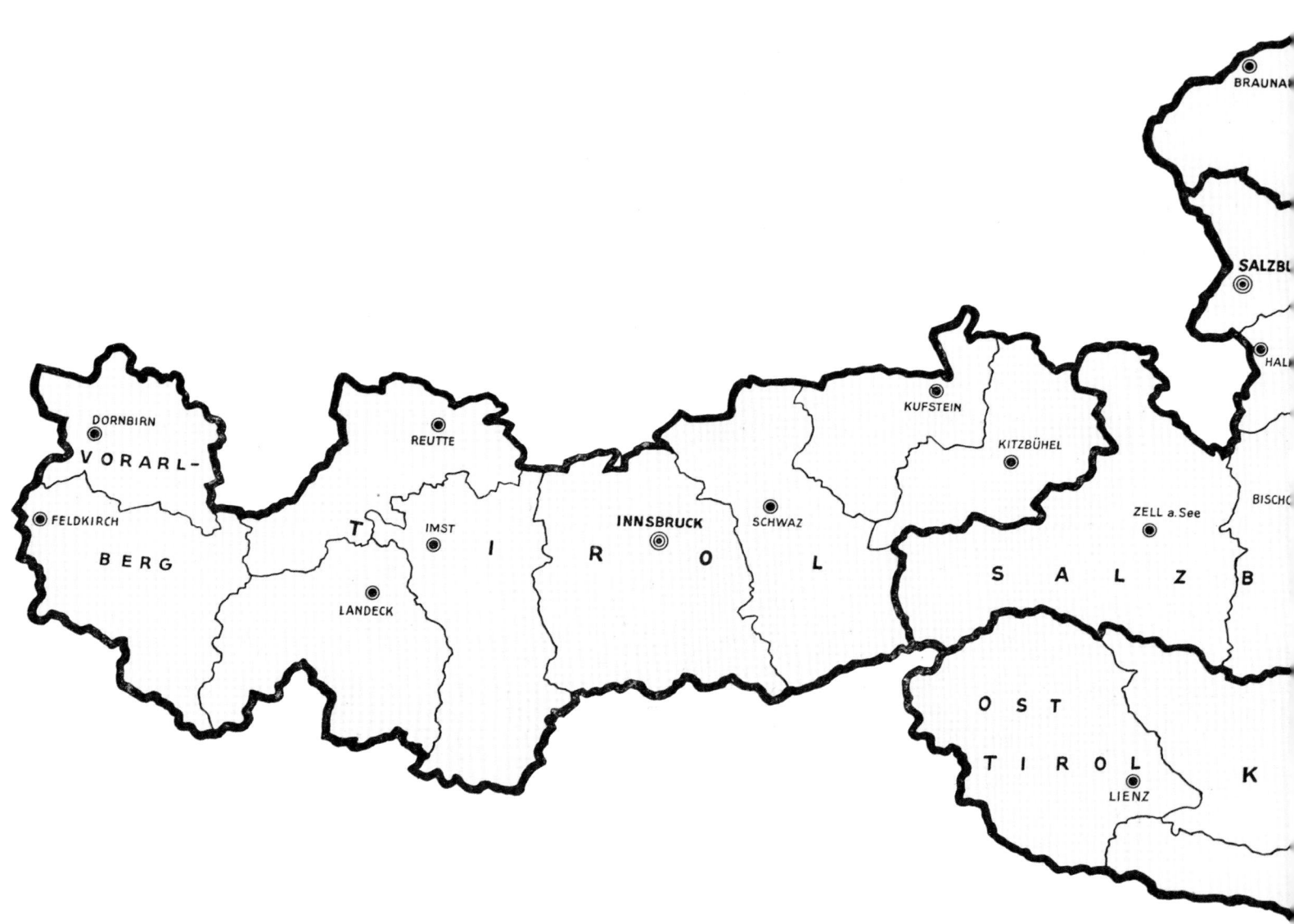

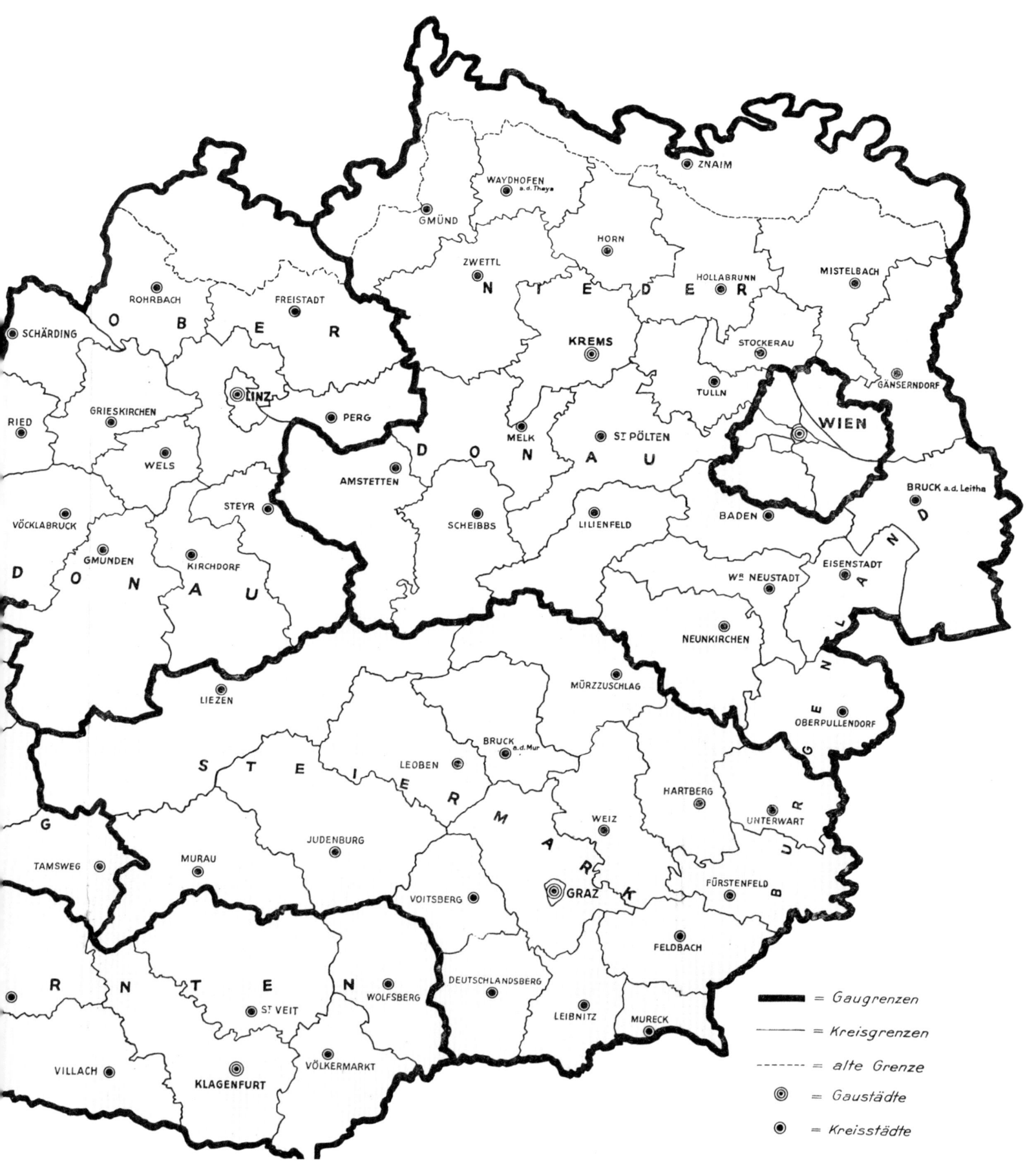

WAYDHOFEN a.d. Thaya

ZNAIM

GMÜND

HORN

ZWETTL

N I E D E R

MISTELBACH

HOLLABRUNN

ROHRBACH

O B E R

FREISTADT

KREMS

STOCKERAU

SCHÄRDING

GÄNSERNDORF

TULLN

LINZ

PERG

MELK

ST. PÖLTEN

WIEN

GRIESKIRCHEN

D O N A U

RIED

WELS

AMSTETTEN

BRUCK a.d. Leitha

BADEN

D

STEYR

SCHEIBBS

LILIENFELD

VÖCKLABRUCK

EISENSTADT

D O N A U

GMUNDEN

KIRCHDORF

WR. NEUSTADT

L A N

NEUNKIRCHEN

LIEZEN

MÜRZZUSCHLAG

G E

S T E I E R

LEOBEN

BRUCK a.d. Mur

OBERPULLENDORF

G

HARTBERG

UNTERWART

JUDENBURG

M A R

WEIZ

B U R

TAMSWEG

MURAU

R K

FÜRSTENFELD

VOITSBERG

GRAZ

G E N

R N T E N

WOLFSBERG

DEUTSCHLANDSBERG

FELDBACH

ST. VEIT

LEIBNITZ

MURECK

VILLACH

VÖLKERMARKT

KLAGENFURT

———— = Gaugrenzen

———— = Kreisgrenzen

------ = alte Grenze

◉ = Gaustädte

◉ = Kreisstädte

175

Ostmärkisches Film-Jahrbuch 1939

Herausgegeben von

Dr. Peter Zimmer

Bearbeitet von

Alfred Schweighofer

Preis RM. 2.50

Verlag: „Das Kino-Journal", Mitteilungsblatt der
Reichsfilmkammer Außenstelle Wien
Wien, 7., Siebensterngasse 42/44

Druck: Druck und Verlag H. Faber G. m. b. H.,
Wien, 3. Bezirk, Hetzgasse Nr. 20.

Wien

1. Bezirk

Burg-Kino, Opernring 19 (1913). Ruf: B-20-3-99; F.: 393; Sp.: tgl.

Elite-Kino, Wollzeile 34 (1912). Ruf: R-21-0-65; F.: 540; Sp.: tgl.

Gartenbau-Kino, Parkring 12 (1919). Ruf: R-21-2-43; F.: 478; Sp.: tgl.

Imperial-Kino, Rothgasse 9 (1912). Ruf: U-22-1-12; F.: 492; Sp.: tgl.

Kärntner-Kino, Johannesgasse Nr. 3 (1913). Ruf: R-22-109; F.: 387; Sp.: tgl.

Kreuz-Kino, Wollzeile 17 (1912). Ruf: R-24-2-16; F.: 300; Sp.: tgl.

Kruger-Kino, Krugerstraße 5 (1901). Ruf: R-22-4-57; F.: 209; Sp.: tgl.

Opern-Kino, Elisabethstraße 3 (1914). Ruf: B-27-4-47; F.: 494; Sp.: tgl.

Rotenturm-Kino, Fleischmarkt Nr. 1 (1911). Ruf: R-29-1-59; F.: 511; Sp.: tgl.

Schottenring-Kino, Schottenring Nr. 5 (1913). Ruf: A-17-4-25; F.: 372; Sp.: tgl.

Tuchlauben - Tonfilm - Theater, Tuchlauben 7 (1913). Ruf: U-21-1-22; F.: 400; Sp.: tgl.

Volksbildungshaus Wiener Urania. Aspernplatz 5 (Uraniastraße 1) (1910). Ruf: Direktion U-17-5-70, Kassa U-11-5-20; F.: 657+257; Sp.: tgl.

Ohne-Pause-Kino am Graben, Graben Nr. 29. Ruf: U-20-0-53; F.: 292; Sp.: tgl. (Wochenschau.)

2. Bezirk

Adria-Ton-Kino, Am Tabor 22 (1921). Ruf: R-46-6-87; F.: 238; Sp.: tgl.

Augarten-Ton-Kino, Untere Augartenstraße 28 (1910). Ruf: A-40-5-98; F.: 250; Sp.: tgl.

Excelsior-Kino, Taborstraße Nr. 75 (1913). Ruf: A-40-3-09; F.: 218; Sp.: tgl.

Helios-Kino, Taborstraße 36 (1913). Ruf: R-41-3-50; F.: 408; Sp.: tgl.

Leopoldstädter Volks - Kino, Rotensterngasse 7 a (1918). Ruf: R-49-0-23; F.: 320; Sp.: tgl.

Nestroy - Ton - Kino, Praterstraße 34 (1905). Ruf: R-41-7-07; F.: 272; Sp.: tgl.

Rembrandt-Kino, Malzgasse 2 (1912). Ruf: A-44-0-35; F.: 211; Sp.: tgl.

Schweden-Kino, Taborstraße 1 (1927). Ruf: A-49-0-60; F.: 638; Sp.: tgl.

Kino Tegetthoff im Planetarium am Praterstern, Praterstern (1930). Ruf: R-41-0-26; F.: 427; Sp.: tgl.

Ufa-Ton-Kino, Taborstraße 8 (1916). Ruf: R-41-2-41; F.: 1048; Sp.: tgl.

Kino Kern, Prater 80 (1904). Ruf: R-40-0-49; F.: 465; Sp.: tgl.

Kino Lustspieltheater, Ausstellungsstraße (1927). Ruf: R-47-2-60; F.: 921; Sp.: tgl.

Kristall-Kino, 1. Mai-Straße 40 (1907). Ruf: R-48-2-75; F.: 508; Sp.: tgl.

Münstedt Kino-Palast, Ausstellungsstraße 142 (1899). Ruf: R-41-2-62; F.: 496; Sp. tgl.

Ton-Kino Rotunde, Wohlmuthstraße Nr. 15-17 (1916). Ruf: R-43-9-92; F.: 255; Sp.: tgl.

Zirkus-Busch-Kino, Ausstellungsstraße Nr. 145 (1920). Ruf: R-40-0-44; F.: 1679; Sp.: tgl.

3. Bezirk

Austria-Kino, Schlachthausgasse 16 (1908). Ruf: U-18-6-30; F.: 102; Sp.: tgl.

Beatrix-Ton-Kino, Hauptstraße, Eingang: Beatrixgasse 3 (1908). Ruf: U-11-5-41; F.: 330; Sp.: tgl.

Fasan-Ton-Kino, Hegergasse Nr. 11 (1908). Ruf: U-16-3-63; F.: 427; Sp.: tgl.

Gutenberg-Kino, Rennweg 87. Ruf: U-19-3-72; F.: 214; Sp.: tgl.

Kammerlichtspiele am Schwarzenbergplatz, Schwarzenbergplatz 6—7 (1915). Ruf: U-16-1-65; F.: 377; Sp.: tgl.

Landstraßer Bürger-Kino, Landstraßer Hauptstraße 76 (1913) . Ruf: B-57-0-56; F.: 491; Sp.: tgl.

Löwen-Kino, Löwengasse 33 (1921). Ruf: U-15-3-12; F.: 988; Sp.: tgl.

Rabenhof-Ton-Kino, Rabengasse 3. Ruf: B-58-6-19; F.: 345; Sp.: Montag, Freitag, Samstag, Sonntag.

Radetzky-Ton-Kino, Radetzkystraße Nr. 17 (1908). Ruf: B-53-8-31; F.: 178; Sp.: tgl.

Rochus - Kino, Landstraßer Hauptstraße 25 (1913). Ruf: B-53-0-92; F.: 299; Sp.: tgl.

Sascha-Palast, Ungargasse 60 (1922). Ruf: B-50-5-20; F.: 1070; Sp.: tgl.

Stadion-Kino, Erdbergstraße Nr. 21 (1911). Ruf: U-12-8-74; F.: 210; Sp.: tgl.

Ton-Kino Capitol, Erdbergstraße 86, Hainburgerstraße 45 (1922). Ruf: U-13-4-93; F.: 900; Sp.: tgl.

Viktoria-Ton-Kino, Landstraßer Hauptstraße 143 (1909). Ruf: B-51-3-59; F.: 193; Sp.: tgl.

4. Bezirk

„Scala", Favoritenstraße Nr. 8. Ruf: U-40-2-19; F.: 1265; Sp.: tgl.

Johann-Strauß-Kino, Favoritenstraße Nr. 12 (1912). Ruf: U-40-3-86; F.: 317; Sp.: tgl.

Schikaneder - Ton - Kino, Margaretenstraße 24 (1906). Ruf: B-29-3-13; F.: 194; Sp.: tgl.

Schönburg-Kino, Wiedner Hauptstraße Nr. 64 (1913). Ruf: A-30-0-41; F.: 275; Sp.: tgl.

Wiedner Bürger-Kino, Favoritenstraße Nr. 32 (1912). Ruf: U-41-6-19; F.: 227; Sp.: tgl.

Wiedner Grand-Kino, Mittersteig 15 (1913). Ruf: B-25-5-74; F.: 600; Sp.: tgl.

Wiedner Zentral-Kino, Favoritenstraße Nr. 74, Ecke Südtirolerplatz 5 (1911). Ruf: U-40-7-40; F.: 249; Sp.: tgl.

5. Bezirk

Atlantis - Kino, Wiedner Hauptstraße Nr. 108 (1920). Ruf: A-33-4-34; F.: 660; Sp.: tgl.

Bürger - Kino, Margaretenstraße 78 (1913). Ruf: A-33-0-29; F.: 453; Sp.: tgl.

Eden - Kino, Reinprechtsdorferstraße Nr. 33 (1907). Ruf: A-30-5-56; F.: 537; Sp.: tgl.

Eisenbahnerheim - Kino, Margaretenstraße 166 (1919). Ruf: B-24-0-44; F.: 484; Sp.: tgl.

Franzens-Kino, Schönbrunnerstraße 12 (1905). Ruf: A-39-6-72; F.: 285; Sp.: tgl.

Kino Margaretner Volksbildungshaus, Stöbergasse 11—15 (1915). Ruf: B-22-2-29; F.: 512; Sp.: 2 bis 6 Tage.

Metropol-Kino, Matzleinsdorferplatz 2 (1905). Ruf: B-22-7-48; Wohnung: B-43-8-11; F.: 184; Sp.: tgl.

Schlößl-Kino, Margaretenstraße 127 (1908). Ruf: A-34-3-91; F.: 297; Sp.: tgl.

Ton-Kino Margareten, Schönbrunnerstraße Nr. 143. Ruf: B-24-4-41; F.: 294; Sp.: tgl.

6. Bezirk

Apollo, Gumpendorferstraße Nr. 63 (1929). Ruf: A-34-5-50; F.: 1440; Sp.: tgl.

Flotten-Kino, Mariahilferstraße 85 bis Nr. 87 (1913). Ruf: B-24-0-41, B-24-2-71; F.: 799; Sp.: tgl.

Haydn-Kino, Mariahilferstraße Nr. 57 (1916). Ruf: B-22-3-51; F.: 620; Sp.: tgl.

Kino Mariahilf, Gumpendorferstraße 67

(1914). Ruf: B-24-4-11; F.: 397; Sp.: tgl.

Kino Schäffer, Mariahilferstraße 37 (1907). Ruf: B-20-2-03; F.: 468; Sp.: tgl.

Lichtspiele Wienzeile, Linke Wienzeile Nr. 4 (1908). Ruf: B-28-4-64; F.: 555; Sp.: tgl .

Westend-Kino, Wallgasse 39 (1896). Ruf: B-26-2-32; F.: 268; Sp.: tgl.

7. Bezirk

Admiral-Kino, Burggasse 119 (1912). Ruf: B-32-3-98; F.: 193; Sp.: tgl.

Bellaria - Kino, Museumstraße Nr. 3 (1912). Ruf: B-35-7-13; F.: 242; Sp.: tgl.

Hermann-Kino, Burggasse 71 (1910). Ruf: B-38-0-72; F.: 261; Sp.: tgl.

Ostmark-Ton-Kino, früher Maria-The-

resien-Kino, Mariahilferstraße 70 (1917). Ruf: B-35-5-19; F.: 542; Sp.: tgl.

I. Neubauer Kino, Lerchenfelderstraße Nr. 75 (1912). Ruf: B-32-9-87; F.: 173; Sp.: tgl.

Phönix-Kino, Lerchenfelderstraße 35 (1915). Ruf: B-36-2-08; F.: 580; Sp.: tgl.

Rex - Kino, Siebensterngasse 42—44 (1914). Ruf: B-37-4-15; F.: 535; Sp.: tgl.

Schottenfelder-Kino, Schottenfeldgasse Nr. 22 (1912). Ruf: B-35-6-82; F.: 271; Sp.: tgl.

Stafa-Kino, Mariahilferstraße Nr. 120

(1920). Ruf: B-33-0-68; F.: 638; Sp.: tgl.

Uhu-Kino, Kaiserstraße 44—46 (1900). Ruf: B-36-5-63; F.: 245; Sp.: tgl.

„Non-Stop"-Kino, Mariahilferstraße 2. Ruf: B-31-4-05; F.: 294; (Wochenschau).

8. Bezirk

Albert - Ton - Kino, Josefstädterstraße Nr. 75/77 (1909). Ruf: B-43-3-89; F.: 192; Sp.: tgl.

Arkaden-Kino, Alserstraße 23 (1915).

Ruf: A-29-3-63; F.: 304; Sp.: tgl.

Palast - Kino - Theater, Josefstädterstraße Nr. 43—45 (1914). Ruf: B-45-0-51; F.: 799; Sp.: tgl.

9. Bezirk

Arbeiter-Bildungsverein „Alsergrund", Säulengasse Nr. 20 (1930). Ruf: A-11-5-71; F.: 288; Sp.: 6 Tage.

Flieger - Kino, Liechtensteinstraße 37 (1921). Ruf: A-18-1-52; F.: 660; Sp.: tgl. Im Sommer Freiluftkino.

Heimat - Kino, Porzellangasse Nr. 19 (1913). Ruf: A-18-0-76; F.: 597; Sp.: tgl.

Kolosseum-Kino, Nußdorferstraße 4/6 (1926). Ruf: A-12-5-20; F.: 708; Sp.: tgl.

Mozart - Ton - Kino, Schubertgasse 5 (1919). Ruf: A-15-0-35; F.: 440; Sp.: tgl.

Roßauer-Kino, Glasergasse 2, Ecke

Porzellangasse 50 (1910). Ruf: A-11-8-32; F.: 238; Sp.: tgl.

Schubert-Kino, Währingerstraße 46 (1912). Ruf: A-17-3-90; F.: 187; Sp.: tgl.

Union-Kino, Sechsschimmelgasse 16 (1908). Ruf: A-16-9-70; F.: 256; Sp.: tgl.

Votivpark-Kino, Währingerstraße 12 (1912). Ruf: A-18-3-96; F.: 415; Sp.: tgl.

Weltbiograph - Ton - Kino, Alserbachstraße 39 (1904). Ruf: A-18-0-53; F.: 508; Sp.: tgl.

Wiener Bioskop-Ton-Kino, Nußdorferstraße 84 (1906). Ruf: 15-9-43; F.: 238; Sp.: tgl.

10. Bezirk

Amalien-Kino, Laxenburgerstraße 8 (1927). Ruf: R-11-0-71; F.: 832; Sp.: tgl.

Bernhardstal-Kino, Quellenstraße 197 (Friedenssaal) (1937). Fernruf: R-10-5-84; F.: 241; Sp.: 5 Tage.

Edison-Kino, Arthaberplatz 2 (1911). Ruf: R-12-8-13; F.: 423; Sp.: tgl.

I. Favoritner Bürger-Kino, Reumannplatz 10 (1910). Ruf: R-10-8-29; F.: 155; Sp.: tgl.

Fortuna-Ton-Kino, Favoritenstraße 147 (1920). Ruf: R-11-8-16; F.: 149; Sp.: tgl.

Gudrun-Kino, Gudrunstraße Nr. 151 (1919). Ruf: R-15-0-96; F.: 595; Sp.: tgl.

Kepler-Kino, Keplerplatz 15 (1907). Ruf: R-15-5-29; F.: 405; Sp.: tgl.

Leibnitz-Kino, Leibnitzgasse Nr. 17 (1921). Ruf: R-10-8-04; F.: 270; Sp.: tgl.

Quellen-Kino, Quellenstraße Nr. 156 (1911). Ruf: R-11-6-93; F.: 222; Sp.: tgl.

Theresien-Saal-Kino, Gudrunstraße 17 (1911). Ruf: R-13-7-71; F.: 293; Sp.: tgl.

Ton - Kino Waldmüllerpark, Hasengasse 38 (1936). F.: 245; Sp.: 4 Tage.

Zentral-Ton-Kino, Laxenburgerstraße Nr. 63 (1910). Ruf: R-12-9-56; F.: 280; Sp.: tgl.

11. Bezirk

Dirndlhof-Ton-Kino, Münnichplatz 2 (1912). Ruf: B-43-4-14; F.: 312; Sp.: 3 bis 4 Tage.

Lichtbildbühne, Simmeringer Hauptstraße 105 (1911). Ruf: U-19-4-43; F.: 582; Sp.: tgl.

Olympia-Kino, Simmeringer Hauptstraße 57 (1900). Ruf: U-12-0-69; F.: 750; Sp.: tgl.

Simmeringer Ton-Kino, Hauffgasse 26 (1905). Ruf: B-51-1-12; F.: 343; Sp.: tgl.

12. Bezirk

Altmannsdorfer Lichtspiele, Breitenfurterstraße 36 (1921). Ruf: R-38-3-25; F.: 414; Sp.: tgl.

Haydn-Park-Kino, Koflergasse Nr. 3 (1914). Ruf: A-35-8-20; F.: 576; Sp.: tgl.

Hetzendorfer Lichtspieltheater. Hetzendorferstraße 75 a (1917). Ruf: R-39-9-13; F.: 422; Sp.: tgl.

Meidlinger Biograph-Theater, Schönbrunnerstraße 175 (1914). Ruf: B-29-4-83; F.: 550; Sp.: tgl.

I. Meidlinger Kino-Theater, Meidlinger Hauptstraße 20—22 (1915). Ruf: R-31-3-18; F.: 220; Sp.: tgl.

Schönbrunner Schloß - Kino, Schönbrunner Schloßstraße 4/8 (1920). Ruf: R-31-0-86; F.: 1076; Sp.: tgl.

Wilhelm-Ton-Kino, Wilhelmstraße 38 (1916). Ruf: R-35-1-06-L; F.: 224; Sp.: tgl.

Wolfgang-Ton-Lichtspiele, Wolfganggasse 30 (1906). Ruf: A-34-8-05; F.: 175; Sp.: tgl.

13. Bezirk

Auhof-Kino, Auhofstraße 134 (1914). Ruf: A-51-5-37; F.: 463; Sp.: tgl.

Park-Kino, Hietzinger Hauptstraße 22 (1913). Ruf: R-32-0-63; F.: 782; Sp.: tgl.

Ton - Kino Lainz, Versorgungsheimstraße 6 (1931). Ruf: A-53-3-02; F.: 332; Sp.: tgl.

14. Bezirk

Ton-Kino Baumgarten, Hütteldorferstraße 253 (1900). Ruf: U-32-1-40; F.: 595; Sp.: tgl.

Ton-Kino Fischer, Linzerstraße Nr. 83 (1914). Ruf: U-34-5-33; F.: 385; Sp.: tgl.

Ton-Kino Flötzersteig, Flötzersteig 115 (1930). Ruf: U-36-5-32; F.: 415; Sp.: Mittwoch, Samstag, Sonn- und Feiertage.

Breitenseer Kino, Breitenseerstraße 21 (1905). Ruf: U-35-9-70; F.: 206; Sp.: tgl.

Gloriette-Kino, Linzerstraße 2 (1914). Ruf: U-35-0-98; F.: 247; Sp.: tgl.

Maxim-Bio XIII., Linzerstraße 403 (1920). Ruf: U-30-0-55; F.: 250; Sp.: tgl.

Schönbrunn-Kino, Hadikgasse Nr. 62 (1913). Ruf: R-31-0-15; F.: 631; Sp.: tgl.

Hadersdorf-Weidlingau: Laudon-Kino, Hauptstraße 2 (1923). F.: 345; Sp.: Montag, Mittwoch, Samstag und Sonntag.

— Mariabrunner Lichtspiele, Hauptstraße 40. F.: 236; Sp.: Samstag, Sonn- und Feiertage.

Purkersdorf: Ton-Kino Purkersdorf, Wienerstraße 12 (1912). F.: 354; Sp.: Mittwoch, Samstag, Sonn- und Feiertage.

15. Bezirk

Abbazia-Kino, Neubaugürtel Nr. 15 (1919). Ruf: U-37-5-26; F.: 532; Sp.: tgl.

Apollo-Kino, Schanzstraße Nr. 2 bis 4 (1910). Ruf: U-33-0-49; F.: 441; Sp.: tgl.

Felber - Ton - Kino, Felberstraße 110 (1918). Ruf: U-37-8-46; F.: 192; Sp.: tgl.

Kino Handl, Mariahilferstraße Nr. 160 (1905). Ruf: R-30-5-81; F.: 700; Sp.: tgl.

Maxim - Kino, Mariahilferstraße 139 (1909). Ruf: R-36-6-92; F.: 370; Sp.: tgl.

Omnia-Kino, Schweglerstraße Nr. 32 (1915). Ruf: U-32-0-68; F.: 424; Sp.: tgl.

Raimund - Lichtspiele, Sechshauserstraße 3 (1920). Ruf: R-33-2-08; F.: 745; Sp.: tgl.

Reindorf-Ton-Kino, Reindorfgasse 17 (1911). Ruf: R-37-9-81; F.: 205; Sp.: tgl.

Schwender - Ton - Kino, Mariahilferstraße 196 (1908). Ruf: R-30-2-96; F.: 271; Sp.: tgl.

Tivoli-Ton-Kino, Winckelmannstraße Nr. 2 (1917). Ruf: R-33-6-64; F.: 179; Sp. tgl.

Universum-Ton-Kino, Kanzlerplatz 7 (1913). Ruf: U-34-5-44; F.: 638; Sp.: tgl.

16. Bezirk

Arneth-Kino, Arnethgasse 90 (1914). Ruf: B-45-1-98-Z; F.: 200; Sp.: tgl.

Kino, Alt-Wien, Brunnengasse Nr. 38 (1919). Ruf: B-44-5-41; F.: 441; Sp.: tgl.

Kino Weltspiegel, Lerchenfeldergürtel Nr. 55 (1920). Ruf: A-23-2-07; F.: 858; Sp.: tgl.

Lux - Ton - Palast, Neulerchenfelderstraße 43 (1910). Ruf: A-25-5-12; F.: 776; Sp.: tgl.

Rosegger-Kino, Enenkelstraße 11—13 (1920). Ruf: U-39-0-33; F.: 512; Sp.: tgl.

Sandleiten - Kino, Eberhartgasse 32 (1928). Ruf: B-46-5-55; F.: 606; Sp.: tgl.

Savoy-Ton-Kino, Thaliastraße Nr. 28 (1912). Ruf: A-26-5-57; F.: 350; Sp.: tgl.

Thalia-Ton-Kino, Reinhartgasse Nr. 4 (1912). Ruf: B-46-5-47; F.: 450; Sp.: tgl.

Ton - Kino Odeon, Ottakringerstraße Nr. 133 (1912). Ruf: B-41-0-58; F.: 396; Sp.: tgl.

Trianon - Ton - Kino, Ludo-Hartmann-Plaz 12 (1914). Ruf: U-32-7-50; F. 465; Sp.: tgl.

Zentral-Theater-Ton-Kino, Johann-Nepomuk-Berger-Platz 6 (1906). Ruf: A-29-0-60; F.: 652; Sp. tgl.

17. Bezirk

Astoria-Kino, Hernalser Hauptstraße Nr. 156. Ruf: A-21-4-32; F.: 649; Sp.: tgl.

Gloria-Ton-Theater, Ecke Kalvarienberggasse Nr., 58 (1912). Ruf: B-42-0-04; F.: 536; Sp. tgl.

Kalvarienberg-Ton-Kino, Kalvarienberggasse Nr. 4 (1908). Ruf: A-26-2-95; F.: 530; Sp.: tgl.

Luna-Ton-Kino, Hernalser Hauptstraße Nr. 117 (1905). Ruf: B-42-4-29; F.: 648; Sp.: tgl.

Royal-Kino, Hernalser Hauptstraße 32, Jörgerstraße 19 (1911). Ruf: A-29-2-76; F.: 604; Sp.: tgl.

Theater-Kino, Hernalsergürtel Nr. 33 (1921). Ruf: A-24-0-47; F.: 800; Sp.: tgl.

18. Bezirk

Gersthofer Ton-Kino, Gersthoferstraße Nr. 73 (1912). Ruf: A-24-2-26; F.: 232; Sp.: tgl.

Michelbeuern Theater-Kino, Kreuzgasse 27. Ruf: A-26-5-92; F.: 576; Sp.: tgl.

Sternwarte-Kino, Währingergürtel 113 (1913). Ruf: R-51-6-72; F.: 176; Sp.: tgl.

Ton-Kino „Iris", Währingerstraße 123 (1913). Ruf: B-44-0-44; F.: 199; Sp.: tgl.

Währinger Gürtel-Kino, Schulgasse 1 (1918). Ruf: B-44-2-44; F.: 207; Sp.: tgl.

Währinger Tonfilm - Theater, Gentzgasse 119 (1908). Ruf: A-20-2-38; F.: 345; Sp. tgl.

19. Bezirk

City-Ton-Kino, Heiligenstädterstraße Nr. 95. Ruf: B-10-2-89; F.: 327; Sp.: tgl.

Ideal-Kino, Döblinger Hauptstraße 74 (1912). Ruf: B-10-4-73; F.: 307; Sp.: tgl.

Roxy-Theater, Billrothstraße Nr. 22 (1912). Ruf: B-10-9-18; F.: 420; Sp.: tgl.

Universum - Ton - Kino, Sieveringerstraße 3 (1912). Ruf: B-10-1-74; Sp.: tgl.

Nußdorfer-Ton-Kino, Heiligenstädterstraße 161 (1911). Ruf: B-10-2-26; F.: 367; Sp.: tgl.

20. Bezirk

rriedensbrücken-Kino, Klosterneuburgerstraße Nr. 33 (1912). Ruf: A-44-1-21; F.: 359; Sp.: tgl.

Hellwag-Kino, Hellwagstraße Nr. 30 (1920). Ruf: A-44-1-70; F.: 190; Sp.: tgl.

Hochstädt-Kino, Stromstraße 74—76 (1936). Ruf: A-42-4-07; F.: 468; Sp.: tgl.

Marchfeld - Kino, Marchfeldstraße 9 (1906). Ruf: A-44-0-70; F.: 223; Sp.: tgl.

Triumph-Ton-Kino, Leystraße Nr. 81 (1904). Ruf: A-49-4-79; F.: 170; Sp.: tgl.

Vindobona-Ton-Theater, Wallenstein-platz 6. Ruf: A-42-4-20; F.: 460; Sp.: tgl.

Wallenstein - Kino, Wallensteinstraße Nr. 55. Ruf: A-43-0-14; F.: 502; Sp.: tgl.

21. Bezirk

Kino „Groß - Jedlersdorf", Brünnerstraße Nr. 106. Ruf: A-61-7-21; F.: 410; Sp.: tgl.

Kino Kagran, Wagramerstraße 108 (1911). Ruf: R-48-1-12-L; F.: 408; Sp.: tgl.

Ton-Lichtspiele Kaisermühlen, Sinagasse 33 (1913). Ruf: R-46-7-42; F.: 140; Sp.: 5 Tage.

Kino Poppenwimmer, Bismarckplatz Nr. 71 (1911). Ruf: A-62-1-18; F.: 288; Sp.: tgl.

Kino Weltbild, Pragerstraße Nr. 27 (1911). Ruf: A-60-1-96, F.: 736; Sp.: tgl.

I. Stadlauer Ton-Kino, Hausgrundweg Nr. 4 (1910). Ruf: F-22-1-98-B; F.: 546; Sp.: tgl., außer Donnerstag.

Ton-Lichtspiele Floridsdorf, Angererstraße 14. Ruf: A-60-2-07; F.: 606; Sp.: tgl.

Vereinshaus-Ton-Kino, Brünnerstraße Nr. 20 (1910). Ruf: A-60-6-85; F.: 790; Sp.: tgl.

Bisamberg: Kinotheater, Hauptstraße Nr. 190. F.: 180; Sp.: Sonn- und Feiertage.

Gerasdorf: Ton-Kino (1933), F.: 100; Sp.: Sonntag.

Lang-Enzersdorf: Kinotheater, Adolf-Hitler-Platz Nr. 3. F.: 270; Sp.: Samstag, Sonn- und Feiertage.

Stammersdorf: Ton-Kino, Hauptstraße Nr. 51 (1911). F.: 250; Sp.: Samstag und Sonntag.

22. Bezirk

Eßling: Gemeinde-Ton-Kino, Hauptstraße 56 (1936). F.: 280; Sp.: Mittwoch, Samstag, Sonntag.

Groß-Enzersdorf: I. Marchfelder Kinotheater, Kasernstraße 204 (1912). F. 341; Sp.: Mittwoch, Samstag, Sonntag.

Süßenbrunn: Ton-Kino Süßenbrunn (1925). F.: 200; Sp.: fallweise Sonntag.

Ton-Kino Aspern, Wimpffengasse 25 (1936). Ruf: F-22-2-29; F.: 370; Sp.: 5 Tage.

23. Bezirk

Ebergassing: Ton - Lichtspieltheater, Ebergassing 99 (1922). Ruf: 6; F.: 360; Sp.: Mittwoch, Samstag, Sonntag.

Fischamend: I. Fischamender Ton-Kino, Gregerstraße 39 (1913). F.: 392; Sp.: Sonn- und Feiertage.

Himberg: Ton-Kino, Wienerstraße 7 (1920). F.: 299; Sp.: Mittwoch, Sonn- und Feiertage.

Klein-Neusiedl: Ton-Kino, Auf der Heide 91 (1921). F.: 280; Sp.: Sonn- und Feiertage und jeden zweiten Donnerstag.

Leopoldsdorf bei Wien: Fabriks-Kino der „Ziag" (1923). F.: 252; Sp.: Samstag, Sonntag, event. Feiertage.

Maria-Lanzendorf: Ton-Kino, Hauptstraße 15 (1912). F.: 280; Sp.: Samstag, Sonn- und Feiertage.

Oberlaa: Lux-Kino, Himbergstraße 20 (1917). F.: 327; Sp.: Sonn- und Feiertage.

— **Park-Ton-Kino,** Hauptstraße 33 (1932). F.: 257; Sp.: zweimal wöchentlich.

Moosbrunn: Beethoven-Kino (1927). F.: 150; Sp.: Sonn- u. Feiertage.

Schwadorf an der Fischa: Gemeinde-Ton-Kino, Hauptstraße 96 (1929). F.: 350; Sp.: Sonntag, fallweise Samstag.

Schwechat: Stadt-Ton-Kino, Sendnergasse 8 (1924). F.: 480; Sp.: Mittwoch, Samstag, Sonntag.

24. Bezirk

Brunn am Gebirge: Zentral-Ton-Kino, Hruzastraße 2 (1932). Ruf: Mödling St. VIII v. 926; F.: 340; Sp.: Freitag Samstag, Sonntag.

Gumpoldskirchen: Gumpoldskirchner Lichtspiele, Jubiläumsstraße 51 (1911). F.: 274; Sp.: Samstag, Sonn- und Feiertage.

Guntramsdorf: I. Guntramsdorfer Kinotheater, Hauptstraße 2 (1910). Ruf: 28; F.: 300; Sp.: Freitag, Samstag, Sonntag.

Hinterbrühl: Ton-Kino, Hauptstraße Nr. 45 (1920). Ruf: 127; F.: 250; Sp.: Sonn- und Feiertage.

Laxenburg: Schloß-Ton-Kino, Schloßplatz (1927). F.: 242; Sp.: Sonntag.

Maria-Enzersdorf: Kino Kammerspiele, Riefelgasse 14 (1923). Ruf: Mödling 346; F.: 307; Sp.: Mittwoch, Samstag, Sonntag.

Mödling: Mödlinger Bühne, Babenbergerstraße 36 (1913). Ruf: 260; F.: 530; Sp.: tgl.

Münchendorf: Kinotheater (1920). F.: 165; Sp.: Sonntag.

Wiener-Neudorf: Gemeinde-Kino, Wiener-Neudorferstraße (1923). Ruf: Mödling 370; F.: 555; Sp.: Samstag, Sonn- und Feiertage .

25. Bezirk

Atzgersdorf: Voglers Ton-Kino, Breitenfurterstraße Nr. 51 (1932). F.: 284; Sp.: im Winter 4 Tage, im Sommer 3 Tage in der Woche.

— **Zentral-Kino,** Seipelstraße Nr. 4a (1909). Ruf: 864; F.: 340; Sp.: Dienstag, Donnerstag, Samstag, Sonntag.

Inzersdorf: Elite-Ton-Kino, Steinhofstraße 14 (1911). F.: 488; Sp.: viermal wöchentlich.

— **Ton-Kino,** Triesterstraße Nr. 82 (1926). F.: 265; Sp.: viermal wöchentlich.

Kaltenleutgeben: Ton-Kino, Hauptstraße (1914). F.: 170; Sp.: zwei- bis dreimal wöchentlich.

Liesing: Theater-Kino, Franz-Parschegasse 2 (1919). Ruf- Atzgersdorf 400, Liesing 26; F.: 480; Sp.: tgl., außer Dienstag.

Mauer bei Wien: Park-Kino, Kirchengasse 4 (1913). F.: 335; Sp.: Montag, Mittwoch, Samstag, Sonn- und Feiertage.

Perchtoldsdorf: Ton-Kino, Franz-Joseph-Straße 18 (1912). F.: 390; Sp.: Mittwoch, Samstag u. Sonntag.

Rodaun: Ton-Kino, Hauptstraße 30 (1921). F.: 266; Sp.: Mittwoch, Samstag, Sonn- und Feiertage.

Siebenhirten: Ton-Kino, Hauptstraße Nr. 6a (1912). F.: 365; Sp.: dreimal wöchentlich.

Vösendorf: Schloß-Ton-Kino, Schloßplatz (1935). F.: 215; Sp.: Samstag, Sonn- und Feiertage.

26. Bezirk

Kierling bei Klosterneuburg: Park-Kino, Kierlingerstraße 8 (1920). F.: 200; Sp.: Samstag und Sonntag.

Klosterneuburg: Burg - Kino, Burgstraße 1b (1912). Ruf: 10-69; F.: 250; Sp.: tgl.

— **Park-Kino,** Weidlingerstraße Nr. 37 (1925). Ruf: 10-69; F.: 300; Sp.: tgl.

— **Ton-Kino im Uraniasaal,** Hauptplatz 25 (1930). F.: 250; Sp.: Mittwoch, Samstag, Sonntag.

Kritzendorf: Kinotheater, Hirschengasse Nr. 2 (1923). F.: 200; Sp.: Sonntag.

Weidling: Ton-Kino. F.: 205; Sp.: Samstag, Sonntag.

Nieder-Donau

Absdorf: Absdorfer Lichtspieltheater. F.: 184; Sp.: Sonn- und Feiertage, im Sommer geschlossen.

Alland: Invaliden-Kino, Hauptstraße Nr. 56 (1926). F.: 220; Sp.: ein- bis zweimal wöchentlich.

Allensteig: Ton-Kino, Hauptplatz 80 (1919). F.: 133; Sp.: Sonn- und Feiertage.

Altenmarkt an der Triesting: Ton-Kino Altenmarkt, Hauptstraße (1933). F.: 120; Sp.: Samstag, Sonn- und Feiertage.

Amstetten: Invaliden-Kino, Mühlenstraße 4 (1919). Ruf: St. VI. v. 194; F.: 396; Sp.: tgl., außer Dienstag.

— **Stadt-Kino,** Hauptplatz 35 (1912). Ruf: St. VI. v. 194; F.: 400; Sp.: 3 Tage monatlich.

— **Volksbildungs-Kino,** Adolf-Hitler-platz 30. F.: 168; Sp.: noch nicht in Betrieb.

Andau: Ton-Kino, Angerplatz Nr. 1 (1929). F.: 176; Sp.: Sonn- und Feiertage.

Angern: Ton-Kino (1923). F.: 224; Sp.: Sonn- und Feiertage.

Anzenhof, Post Statzendorf: Tonfilmtheater. F.: 200; Sp.: Sonntag.

Aspang: Tonkino Zottl, Sandgasse 2 (1916). F.: 188; Sp.: Sonn- und Feiertage.

Auersthal: Ton-Kino, Hauptstraße 140 (1927). F.: 120; Sp.: Sonntag.

Baden: Beethoven-Kino, Beethoven-gasse 2 (1927). Ruf: 477; F.: 590; Sp.: tgl.

— **Olympia-Kino,** Braitnerstraße 41 (1913). F.: 352; Sp.: tgl.

— **Zentral-Kino,** Breyerstraße Nr. 1 a (1913). Ruf: 40; F.: 324; Sp.: tgl.

Baumgarten im Tullnerfeld: Ton-Kino, F.: 180; Sp.: Sonn- und Feiertage.

Berndorf: Stadttheater, Hauptplatz (1930). Ruf: 8; F.: 492; Sp.: Mittwoch, Samstag, Sonntag.

Bernhardsthal: Ton-Kino Bernhardsthal (1928). F.: 190; Sp.: einmal wöchentlich.

Blumau bei Felixdorf: Ideal-Ton-Kino (1916). F.: 540; Sp.: Samstag, Sonntag.

Böheimkirchen: Markt - Ton - Kino (1926). F.: 175; Sp.: Samstag, Sonntag.

Böhlerwerk: Licht-Ton-Theater, Wienerstraße (1931). Ruf: Waidhofen a. d. Y. 61; F.: 160; Sp.: Sonn- und Feiertage.

Bruck an der Leitha: Stadt-Kino, Altstadt 6 (1918). Ruf: 66; F.: 250; Sp.: zwei- bis dreimal wöchentlich.

Deutsch-Altenburg: Kino Carnuntum, Wienerstraße 108 (1933). Ruf: 18; F.: 261; Sp.: Sonn- und Feiertage.

Deutsch-Kreuz: Ton-Kino, Zollamts-straße 183. F.: 183; Sp.: einmal wöchentlich.

Deutsch-Wagram: Ton-Kino Sobotka, Otto-Planetta-Allee Nr. 3 (1910). F.: 212; Sp.: Mittwoch, Samstag, Sonn- und Feiertage.

Dobersberg: Ton-Kino (1930). F.: 150; Sp.: Sonntag.

Donnerskirchen: Ton-Kino. F.: 216; Sp.: Sonn- und Feiertage.

Drasenhofen: Lichtspiele (1927). Ruf: 1; F.: 250; Sp.: Sonn- und Feiertage.

Draßburg: Kinotheater. F.: 144; Sp.: Sonntag.

Drösing: Kino, Bahnstraße 314 (1925). F.: 320; Sp.: Samstag, Sonntag.

Drosendorf: Stadt-Ton-Kino, Hauptplatz 64 (1926). Ruf: 7; F.: 150; Sp.: Sonn- und Feiertage.

Dürnholz: Ton-Kino. F.: 306; Sp.: Sonntag.

Dürnkrut: Lichtspieltheater (1921). Ruf: 14; F.: 316; Sp.: Mittwoch, Sonn- und Feiertage.

Ebenfurth: Ton-Lichtspiele, Hauptstraße 227 (1921). F.: 299; Sp.: Freitag, Samstag, Sonntag.

Ebreichsdorf: Ton-Kino, Bahnstraße Nr. 23 (1912). F.: 300; Sp.: Freitag, Sonn- und Feiertage.

Eggenburg: Lichtspielhaus, Museumplatz (1914). Ruf: 65; F.: 298; Sp.: Mittwoch, Sonntag, im Sommer nur Sonntag.

Eichgraben: Ton-Kino (1923). F.: 185; Sp.: Samstag, Sonn- und Feiertage.

Eisenstadt: Städtisches Rosen-Ton-Kino, Franz-Liszt-Gasse Nr. 1 (1920). Ruf: 80; F.: 328; Sp.: Mittwoch, Samstag, Sonntag.

Eisenstadt-Oberberg: Haydn-Tonlicht-
spiele, Wienerstraße 126 (1924).
F.: 470; Sp.: Montag, Mittwoch,
Sonn- und Feiertage.

Engelhartstetten: Ton-Kino (1934).
F.: 102; Sp.: Sonntag.

Engerau: Ton-Kino. F.: 220; Sp.:
Sonntag.

Erlach: Ton-Kino (1924). Ruf: 14;
F.: 260; Sp.: Sonn- und Feiertage.

Ernstbrunn: Ernstbrunner Ton-Kino,
Hauptplatz 3 (1914). F.: 200;
Sp.: Sonn- und Feiertage.

Feldsberg: Ton-Kino. F.: 363; Sp.:
Sonntag.

Felixdorf: Volks-Kino, Hauptstraße 32
(1920). Ruf: 33; F.: 480; Sp.:
Mittwoch, Samstag, Sonntag.

Fischau: Ton-Kino, Hauptstraße 47
(1922). F.: 150; Sp.: Sonntag.

Furth bei Göttweig: Lichtspiele, Landstraße 1 (1923). F.: 142; Sp.:
Sonntag, im Sommer geschlossen.

Gablitz: Ton-Kino, Linzerstraße 35
(1932). F.: 178; Sp.: Sonntag.

Gainfarn: Apollo-Ton-Kino, Magda-
lenenstraße 3 (1910). F.: 465;
Sp.: Montag, Mittwoch, Freitag,
Samstag, Sonn- und Feiertage.

Gaming: Ton-Kino. F.: 160; Sp.: einmal wöchentlich.

Gänserndorf an der Nordbahn: Ton-
Kino, Franz-Schubert-Straße Nr. 2
(1916). F.: 360; Sp.: Samstag,
Sonn- und Feiertage.

Gars am Kamp: Kamptal-Lichtspiele,
Wassergasse 166 (1925). F.: 300;
Sp.: drei- bis viermal wöchent-
lich.

Gaweinstal: Ton-Kino, Wienerstraße
Nr. 38 (1913). Ruf: 8; F.: 215;
Sp.: Sonn- und Feiertage.

Geras: Ton-Kino (1929). Ruf: 1;
F.: 160; Sp.: Sonn- und Feiertage.

Gföhl: Ton-Kino, Baierlandplatz 3
(1923). F.: 120; Sp.: Sonn- und
Feiertage.

Gleiß am Sonntagsberg: Volksbund-
Kino (1929). F.: 220; Sp.: Samstag, Sonntag.

Gloggnitz: Apollo-Ton-Kino, Zeile 2
(1928). F.: 359; Sp.: Mittwoch,
Samstag, Sonntag.

— **Kinotheater,** Wienerstraße Nr. 2
(1911). F.: 320; Sp.: Samstag,
Sonn- und Feiertage.

Gmünd I.: Stadt-Ton-Kino, Sudetendeutsche Straße (1918). F.: 377;

Sp.: Donnerstag, Sonn- und Feiertage.

Gmünd II.: Apollo-Ton-Kino (1921).
F. 429; Sp.: Mittwoch, Samstag,
Sonntag.

Göllersdorf: Ton-Kino. F.: 180; Sp.:
einmal wöchentlich.

Gols: Kinotheater (1929). F.: 240;
Sp.: Sonn- und Feiertage.

Götzendorf: Ton-Kino. F.: 260; Sp.:
zweimal wöchentlich.

Groß-Gerungs: Theater-Kino, Hauptplatz 36 (1926). F.: 182; Sp.:
Sonn- und Feiertage.

Groß-Kadolz: Ton-Kino (1926). F.:
165; Sp.: Sonntag.

Groß-Siegharts: Invaliden-Ton-Kino,
Roseggerstraße Nr. 371 (1910).
F.: 327; Sp.: Samstag, Sonn- und
Feiertage.

Grünbach a. Schn.: Invaliden-Kino
(1922). F.: 281; Sp.: Samstag,
Sonntag.

Günselsdorf, Post Schönau a. d. Trie-
sting: Ton-Kino, Reichsstraße 41
(1924). F.: 380; Sp.: Samstag,
Sonn- und Feiertage.

Guntersdorf: Volksbildungs - Kino
(1928). F.: 220; Sp. Sonn- und
Feiertage.

Gutenstein: Raimund - Ton - Kino,
Hauptstraße 5 (1932). F.: 246;
Sp.: Sonn- und Feiertage.

Haag (Stadt): Haager Lichtspiele,
Höllriglstraße 2 (1927). F.: 212;
Sp.: Sonn- und Feiertage.

Hadersdorf am Kamp: Ton - Kino,
Hauptplatz 26 (1919). F.: 204;
Sp.: Sonn- und Feiertage.

Halbturn: Kinotheater (1929). F.: 178;
Sp.: Sonn- und Feiertage.

Hainburg an der Donau: Austria-Ton-
Lichtspiele, Hummelstraße Nr. 4
(1909). F.: 326; Sp.: Freitag,
Samstag, Sonn- und Feiertage.

— **Städtisches Ton-Kino Apollo,** Preß-
burger Reichsstraße 2 (1927).
F.: 492; Sp.: Mittwoch, Samstag,
Sonn- und Feiertage.

Hainfeld: Oesers Ton-Kino, Hauptplatz 1 a (1914). F.: 285; Sp.:
Samstag, Sonntag.

Haizendorf bei Grafenegg: Ton-Kino
(1935). F.: 166; Sp.: Sonn- und
Feiertage.

Haugsdorf: Ideal-Ton-Kino, Hauptstraße 72 (1914). F.: 230; Sp.:
Sonn- und Feiertage.

Heidenreichstein: Ton-Kino, Marktgasse 15 (1913). F.: 310; Sp.: Samstag, Sonntag.

Heiligeneich: Kino (1930). F.: 240; Sp.: Samstag, Sonn- und Feiertage.

Herzogenburg: Stadt-Ton-Kino, Herrengasse 5 (1911). F.: 229; Sp.: Samstag, Sonn- und Feiertage.

Hirschwang: Ton-Kino (1920). F.: 250; Sp.: Mittwoch, Sonntag.

Hirtenberg: Ton - Lichtspieltheater, Hauptstraße 211 (1915). F.: 365; Sp.: Samstag, Sonn- und Feiertage.

Hof an der Leitha: Kinotheater (1927). F.: 100; Sp.: Samstag, Sonntag.

Hofstetten an der Pielach: Erstes Hofstettner Markt-Kino. F. 136; Sp.: Sonntag.

Hohenau: Hohenauer Ton - Kino, Schulgasse 582 (1919). F.: 330; Sp.: Mittwoch, Samstag, Sonn- und Feiertage.

Hohenberg: Ton-Kino (1933). F.: 152; Sp.: ein- bis zweimal wöchentlich.

Hohenruppersdorf: Ton-Kino, Hauptplatz 21 (1926). F.: 180; Sp.: Sonntag.

Hollabrunn: Stadt-Kino, Badhausgasse Nr. 26 (1911). F.: 400; Sp.: Samstag, Sonn- und Feiertage.

Horn: Horner Ton-Kino, Thurnhofgasse Nr. 6 (1920). F.: 315; Sp.: Sonn- und Feiertage.

— **Vereinshaus-Ton-Kino,** Hamerlingstraße 198 (1912). F.: 395; Sp.: Sonn- und Feiertage.

Hornstein: Lichtspieltheater, Hauptstraße 81 (1912). F.: 200; Sp.: Sonn- und Feiertage.

Illmitz: Kino. F.: 200; Sp.: Sonn- und Feiertage.

Kaisersteinbruch: Ton-Kino, Hauptstraße Nr. 1 (1930). F.: 100; Sp.: Sonntag.

Kaumberg: Ton - Kino Kaumberg (1936). F.: 120; Sp.: Sonntag.

Kautzen: Volks-Kino, Hauptplatz 10 (1924). F.: 230; Sp.: Sonn- und Feiertage.

Kienberg-Gaming: Ton-Kino. F.: 180; Sp.: Sonntag.

Kittsee: Kino Kittsee, Preßburgerstraße 197 (1920). F.: 72; Sp.: Sonn- und Feiertage.

Kirchberg an der Pielach: Ton-Kino, Markt 62 (1926). F.: 140; Sp.: zweimal wöchentlich.

Kirchberg am Wagram: Ton-Kino (1922). F.: 235; Sp.: Sonn- und Feiertage.

Kirchberg am Wechsel: Kinotheater, (1926). F.: 170; Sp.: Sonntag, Juli bis August zweimal wöchentlich.

Kirchschlag: Ton-Kino Kirchschlag, Kirchengasse 30 (1919). F.: 178; Sp.: Sonn- und Feiertage.

Klausen-Leopoldsdorf: Wiener Wald-Kino. F.: 86; Sp.: Sonntag.

Kobersdorf: Kino, Hauptstraße (1928). Ruf: 8; F.: 200; Sp.: Samstag, Sonntag.

Königstetten: Ton-Kino (1933). F.: 195; Sp.: Sonntag.

Korneuburg: Stadt-Kino, Hovengasse Nr. 2 (1910). Ruf: 106; F.: 561; Sp.: Dienstag, Donnerstag, Samstag, Sonntag.

Kottingbrunn: Schloß-Ton-Kino. F.: 168; Sp.: zweimal wöchentlich.

Krems: Erstes Kremser Tonfilmtheater, Obere Landstraße Nr. 31 (1910). F.: 320; Sp.: 6 Tage.

— **Stadt-Kino und Theater,** Theaterplatz 9 (1912). Ruf: 108; F.: 325; Sp.: 6 Tage.

Laa an der Thaya: Stadt-Ton-Kino (1913). Ruf: 5; F.: 350; Sp.: Sonn- und Feiertage, im Winter Donnerstag.

Ladendorf: Ton-Kino. F.: 197; Sp.: Sonntag.

Lackenbach: Lichtspieltheater, Mühlgasse 261 (1925). F.: 170; Sp.: Sonntag.

Langenlois am Kamp: Ton - Kino, Franz-Joseph-Straße Nr. 8 (1915). F.: 250; Sp.: Sonn- und Feiertage.

Lassee: Ton-Kino, Bahnstraße Nr. 252 (1925). F.: 300; Sp.: Samstag, Sonntag.

Lengenfeld: Ton-Kino, Gföhlerstraße Nr. 18 (1928). F.: 198; Sp.: Sonntag.

Leobersdorf: Elektro-Bio, Südbahnstraße 12 (1906). F.: 420; Sp.: Freitag, Sonn- und Feiertage.

Leitha-Prodersdorf: Liszt-Kino (1927). F.: 100; Sp.: Sonntag.

Leopoldsdorf im Marchfeld: Ton-Kino, Schulgebäude (1927). F.: 280; Sp.: Samstag und Sonntag.

Lilienfeld: Ton-Kino, Dörfl 53 (1920). F.: 179; Sp.: Samstag, Sonn- und Feiertage.

Lichtenwörth: Ton-Kino (1935). F.: 285; Sp.: Sonn- und Feiertage.

Litschau bei Gmünd: Ton-Kino, Stadtplatz 27 (1919). Ruf: 13; F.: 170; Sp.: Sonn- und Feiertage.

Loosdorf bei Melk: Kino Mateo (1922) F.: 149; Sp.: Samstag und Sonntag.

Lockenhaus: Ton - Kino, Hauptplatz (1928). Ruf: 3; F.: 128; Sp.: Sonntag.

Lundenburg: Kronen-Bio. F.: 750; Sp.: tgl.
— Ton-Kino. F.: 500; Sp.: tgl.

Lunz am See: Ton-Kino. F.: 186; Sp.: zwei- bis dreimal wöchentlich.

Maissau: Stadt-Kino, Hornerstraße 5 (1928). F.: 100; Sp. Sonn- und Feiertage.

Mank bei Melk: Lichtspieltheater Ton-Kino, Bahnhofstraße 66 (1926). F.: 144; Sp. Sonntag.

Mannersdorf am Leithagebirge: „Hubertus"-Lichtspiele (1919). F.: 360; Sp.: Sonn- und Feiertage.

Marbach an der Donau: Schulvereins-Kino (1923). F.: 92; Sp.: Samstag, Sonntag.

Marchegg: Lichtspielbühne, Bahnstraße 199 (1915). F.: 147; Sp.: Sonn- und Feiertage.

Marienthal-Reisenberg, Post Gramatneusiedel: Elite-Ton-Kino (1912). F.: 207; Sp.: Sonn- und Feiertage.

Marz: Ton-Kino. F.: 160; Sp. Sonntag.

Mattersburg: Zentral - Kino, Hauptplatz 5 (1923). Ruf: 64; F.: 458; Sp.: Mittwoch, Samstag, Sonntag.

Matzen: Lichtspieltheater, Hauptstraße 86—87 (1927). Ruf: 5; F.: 150; Sp.: Sonn- und Feiertage.

Mauerbach: Ton-Kino, Hauptstraße Nr. 68 (1930). F.: 100; Sp.: Sonntag.

Mautern: Wachauer Ton-Kino, Schloßgebäude (1919). F.: 156; Sp.: Sonn- und Feiertage.

Mährisch-Krumau: Ton-Kino.

Melk: Stadt-Ton-Kino, Linzerstraße 84 (1913). F.: 200; Sp.: Sonn- und Feiertage.

Michelhausen: Ton-Kino (1928). F.: 150; Sp.: Sonn- und Feiertage.

Mistelbach: Kronen-Ton-Kino, Oberhoferstraße 15 (1929). F.: 360; Sp.: dreimal wöchentlich.
— Stadt-Kino, Mitschastraße (1911). F.: 242; Sp.: Samstag, Sonntag.

Mislitz: Ton-Kino. F.: 200; Sp.: Sonntag.

Mitterndorf an der Fischa: Wohlfahrts-Kino (1924). F.: 211; Sp.: Sonntag.

3

Mitterretzbach: Ton-Kino (1926). F.: 164; Sp.: Sonn- und Feiertage.

Möllersdorf: Ton-Kino, Bergholdstraße Nr. 3 (1928). F.: 397; Sp.: Samstag, Sonn- und Feiertage.

Naßwald: Kino „Oberhof" (1930). F.: 138; Sp.: Samstag.

Neu-Bistritz: Ton-Kino.

Neudorf bei Staatz: Ton-Kino (1928). F.: 100; Sp.: einmal wöchentlich.

Neudörfl: Elite-Ton-Kino, Hauptstraße Nr. 220 (1936). F.: 90; Sp.: Samstag und Sonntag.

Neulengbach: Lichtspieltheater, Wienerstraße Nr. 34 (1913). F.: 220; Sp.: Mittwoch, Samstag, Sonn- und Feiertage.

Neufeld an der Leitha: Kinotheater (1912). F.: 370; Sp.: Samstag, Sonn- und Feiertage.

Neunagelberg: Ton-Kino. F.: 304; Sp.: einmal wöchentlich.

Neunkirchen: Kino Aberl, Gustav-Dittrich-Straße 6 (1909). Ruf: 114; F.: 378; Sp.: tgl. außer Donnerstag.
— Theater-Ton-Kino, Triesterstraße Nr. 26 (1931). F.: 277; Sp.: sechs Tage.
— Zentral-Kino, Gerichtsgasse Nr. 12 (1919). Ruf: 197; F.: 336; Sp.: tgl., außer Donnerstag.

Neusiedl am See: Apollo-Ton-Kino, Hauptstraße 28 (1912). F.: 250; Sp.: Mittwoch, Donnerstag, Samstag und Sonntag.

Nickelsdorf: Apollo-Kino, Hauptstraße Nr. 96 (1924). F.: 140; Sp.: Sonn- und Feiertage.

Nikolsburg: Ton-Kino Hotel Rose. F.: 307; Sp.: Mittwoch, Sonntag.

Ober-Eggendorf: Ton-Kino. F.: 170; Sp.: Sonntag.

Ober-Plan: Ton-Kino. F.: 229; Sp.: Sonntag.

Oberndorf-Weikertschlag: Ton-Kino. F.: 170; Sp.: Sonntag.

Obergrafendorf: Erstes Obergrafendorfer Kinotheater (1916). F.: 247; Sp.: ein- bis zweimal wöchentlich.

Oberpullendorf: Ton - Kino, Hauptstraße (1927). Ruf: 35; F.: 170; Sp.: Mittwoch, Sonntag.

Obersiebenbrunn: Lichtspiel - Bühne (1920). F.: 220; Sp.: Sonntag.

Ober-Waltersdorf: Ton-Kino (1919). F.: 160; Sp.: Samstag, Sonntag.

Ottenschlag: Ton-Kino Ottenschlag (1925). F.: 140; Sp.: Sonn- und Feiertage.

Parndorf: Zentral-Ton-Kino (1920). F.: 200; Sp.: Sonn- u. Feiertage.

Payerbach: Ton-Kino, Hauptstraße 13 (1912). F.: 210; Sp.: Sonn- und Feiertage.

Pernitz bei Gutenstein: Linden-Kino, Hauptstraße 45 (1918). F.: 300; Sp.: Samstag, Sonn- u. Feiertage.

Perschling: Ton-Kino. F.: 100; Sp.: Sonn- und Feiertage.

Persenbeug: Ton-Kino (1926). F.: 120; Sp.: Samstag und Sonntag.

Pfaffstätten: Kinotheater, Badenerstraße 40 (1920). F.: 200; Sp.: Samstag, Sonn- und Feiertage.

Piesting: Zentral-Ton-Kino, Marktplatz N. 74 (1921). F.: 196; Sp.: Sonn- und Feiertage, im Sommer auch Mittwoch.

Pitten: Ton-Kino (1914). F.: 200; Sp.: Sonn- und Feiertage.

Pöchlarn: Stadt-Ton-Kino, Hauptstraße Nr. 9 (1919). F.: 321; Sp.: Samstag, Sonn- und Feiertage.

Pottenbrunn: Invaliden-Kino (1920). F.: 144; Sp.: Sonntag.

Pottendorf: Schubert-Tonkino, Hauptstraße Nr. 8 (1928). F.: 235; Sp.: Mittwoch, Samstag, Sonntag.

Pottenstein an der Triesting: Central-Kino, Feldgasse 310 (1913). F.: 391; Sp.: Samstag, Sonn- und Feiertage.

Pottschach: Ton-Kino, Hauptstraße Nr. 210 (1925). F.: 310; Sp.: Mittwoch, Samstag, Sonntag.

Poysdorf: Ton-Kino, Alleegasse (1932). Ruf: 51; F.: 312; Sp.: Sonn- und Feiertage.

Preßbaum: Elite-Ton-Kino, Pfalzauerstraße Nr. 5 (1925). F.: 170; Sp.: Samstag, Sonn- und Feiertage.

Prinzersdorf: Prinzersdorfer Kino (1928). F.: 160; Sp.: Samstag, Sonn- und Feiertage.

Prottes: Ton-Kino (1926). F.: 120; Sp.: Sonntag.

Puchberg am Schneeberg: Lichtspieltheater (1919). F.: 200; Sp.: Sonntag.

Pulkau: Erstes Pulkauer Kino, Bahnstraße (1919). F.: 240; Sp.: Sonntag.

Purgstall: Erlauf-Kino, Hauptplatz 80 (1916). F.: 130; Sp.: Sonntag.

Pyrawarth: Kurhaus-Kino, Hauptstraße 131 (1921). F.: 100; Sp.: Sonn- und Feiertage.

Raabs: Raabser Lichtspiele (1922). F.: 185; Sp.: Sonn- und Feiertage.

Rabensburg: Ton-Kino Rabensburg, Hauptstraße 13 (1926). F.: 140; Sp.: Sonn- und Feiertage.

Rabenstein: Ton-Kino. F.: 136; Sp.: Sonn- und Feiertage. (Abwechselnd mit Hofstetten.)

Reichenau: Theater- und Konzerthaus-Kino (1926). F.: 435; Sp.: Samstag, Sonntag, im Sommer auch Donnerstag.

Retz: Stadt-Kino, Hauptplatz 125 (1911). F.: 250; Sp.: Samstag, Sonn- und Feiertage.

Ringelsdorf: Lichtspieltheater, Bahnstraße 329 (1923). F.: 120; Sp.: Sonntag.

Rohrbach bei Hainfeld: Ton-Kino. F.: 240; Sp.: Sonntag.

Rust: Ton-Kino (1935). F.: 120; Sp.: Sonntag.

St. Aegyd am Neuwald: Ton-Kino, Markt 9. (1918). F.: 130; Sp.: Sonn- und Feiertage.

St. Andrä-Wördern: Lichtspiele Wördern, Hauptstraße Nr. 43 (1914). F.: 269; Sp.: Mittwoch u. Samstag.

St. Georgen am Steinfeld: Lichtspieltheater (1930). F.: 199; Sp.: Samstag und Sonntag.

St. Leonhard am Forst: Feuerwehr-Kino (1927). F.: 200; Sp.: Sonntag.

St. Margarethen: Ton-Kino, Kinostraße 120 (1930). F.: 200; Sp.: Sonntag.

St. Pölten: Park-Kino, Klostergasse 39 (1923). Ruf: 182; F.: 639; Sp.: tgl.

— **Stadt-Kinotheater,** Kremsergasse 18 (1900). Ruf: 606; F.: 400; Sp.: tgl.

— **Ton-Kino Josefstraße,** Josefstraße Nr. 46 a (1928). Ruf: 78; F.: 320; Sp.: 4 bis 5 Tage wöchentlich.

— **Ton-Kino Neuviehhofen,** Mühlweg Nr. 83 (1913). Ruf: Stelle VI von 506; F.: 540; Sp.: Dienstag, Freitag, Samstag, Sonntag.

St. Valentin: Tonfilmtheater, Hauptstraße Nr. 27 (1919). F.: 190; Sp.: Samstag, Sonn- und Feiertage, fallweise Mittwoch.

St. Veit an der Gölsen: Ton-Kino Decker (1928). F.: 169; Sp.: 1 bis 2 Tage wöchentlich.

St. Veit an der Triesting: Eos-Ton-Kino, Hauptstraße 382 (1920). F.: 360; Sp.: Sonntag.

Sauerbrunn: Park-Kino (1926). F.: 210; Sp.: Sonn- und Feiertage.

Schattau: Ton-Kino.

Schattendorf: Zentral - Kino, Bahnstraße 378 (1929). F.: 200; Sp.: Sonn- und Feiertage.

Scheibbs: Ton-Kino, Hauptstraße 102 (1920). F.: 320; Sp.: Donnerstag, Sonn- und Feiertage.

Schrems: Ton-Kino, Bahnstraße Nr. 9 (1927). F.: 421; Sp.: Donnerstag und Sonntag.

Schwarzau am Steinfelde: Lichtspieltheater (1925). Ruf: 2; F.: 160; Sp.: Sonn- und Feiertage.

Schwarzenau an der Franz-Josefsbahn: Ton-Kino, Bahnhofstraße Nr. 97 (1926). Ruf: 10; F.: 200; Sp.: Sonn- und Feiertage.

Seebenstein: Ton-Kino. F.: 121; Sp.: Sonntag.

Semmering: Ton-Kino Fischer, Südbahnhotel (1912). Ruf: 1, 5, 75; F.: 150; Sp.: Juli bis August zweimal, im Winter dreimal wöchentlich.

Siegendorf: Ton-Kino, Hauptstraße Nr. 254 (1925). F.: 220; Sp.: Sonn- und Feiertage.

Sieghartskirchen: Ton - Kino, Preßbaumerstraße 28 (1923). Ruf: 7; F.: 180; Sp.: Sonn- u. Feiertage.

Siegmundsherberg: Ton-Kino (1920). F.: 270; Sp.: Sonn- u. Feiertage.

Sitzenberg - Reidling: Kino - Theater (1926). F.: 127; Sp.: Sonntag.

Sitzendorf: Elite-Ton-Kino, Hauptplatz Nr. 9 (1928). Ruf: 10; F.: 150; Sp.: Sonn- und Feiertage.

Sollenau: I. Ton-Kino, Kirchenplatz 60 (1923). F.: 285; Sp.: Samstag, Sonntag.

Sommerein: Ton-Kino (1933). F.: 296; Sp.: Sonn- und Feiertage.

Spitz an der Donau: Wachauer Lichtspiele (1922). F.: 235; Sp.: Sonntag.

Spratzern: Zentral-Kino, Hauptstraße Nr. 52 (1933). F.: 162; Sp.: Sonn- und Feiertage.

Stattersdorf: Austria-Ton-Kino, Alte Landstraße 5 (1929). F.: 153; Sp.: Samstag, Sonn- u. Feiertage.

Stein an der Donau: Union-Ton-Kino, Undstraße 26 (1920). F.: 240; Sp.: Samstag und Sonntag.

Steinabrückl bei Wr.-Neustadt: Ton-Kino „Elektra" (1916). F.: 220; Sp.: Sonn- und Feiertage.

Steinakirchen am Forst: Kriegsopfer-Kino, Wieselburgerstraße Nr. 29 (1927). F.: 150; Sp.: Samstag, Sonntag.

Stinkenbrunn: Kinotheater. F.: 140; Sp.: Samstag, Sonntag. **(st.)**

3*

Stockerau: Apollo - Ton - Kino, Bahnhofstraße 6 (1913). Ruf: 64; F.: 400; Sp.: tgl.

— **Erstes Stockerauer Lichtspieltheater,** Bahnhofstraße Nr. 14 (1919). F.: 440; Sp.: tgl.

Straßhof an der Nordbahn: Ton-Kino. (1925). F.: 252; Sp.: Mittwoch und Sonntag.

Teesdorf: Ton-Kino (Post- und Bahnstation Tattendorf a. d. EWA.), Hauptplatz (1919). F.: 320; Sp.: Samstag, Sonn- und Feiertage.

Ternitz: Ton-Kino Ternitz, Dammstraße 192 (1920). F.: 595; Sp.: Montag, Dienstag, Samstag und Sonntag.

Theben: Ton-Kino. Sp.: Sonntag.

Traisen: Gemeinde-Kino (1921). F.: 223; Sp.: Samstag und Sonntag.

Traiskirchen: Ton-Kino, Hilberstraße Nr. 251 (1910). F.: 303; Sp.: Mittwoch, Samstag und Sonntag.

Traismauer: Ton-Kino, Hauptplatz 54 (1925). F.: 268; Sp.: Sonn- und Feiertage.

Tribuswinkel: Ton-Kino. F.: 260; Sp.: Sonn- und Feiertage.

Trumau: Ton-Kino, Wienerstraße 101. F.: 290; Sp.: Samstag, Sonntag.

Tulln: Ton-Kino, Brüdergasse Nr. 5 (1918). F.: 456; Sp.: Sonn- und Feiertage.

— **Urania,** Wildgasse 1 (1924). F.: 420; Sp.: einmal wöchentlich.

Tullnerbach-Lawies: Ton - Kino. F.: 200; Sp.: zweimal wöchentlich.

Türnitz: Ton-Kino (1924). F.: 120; Sp.: Samstag, Sonn- und Feiertage, im Sommer auch Mittwoch.

Ulmerfeld: Elektro-Theater (1921). F.: 170; Sp.: Samstag, Sonntag.

Unter-Siebenbrunn: Ton-Kino (1926). F.: 150; Sp.: Sonn- und Feiertage.

Unter-Waltersdorf: Ton-Kino, Wienerstraße (1935). F.: 335; Sp.: Samstag und Sonntag.

Unter-Tannowitz: Ton-Kino. F.: 300; Sp.: Sonntag.

Vöslau Bad: Zentral-Ton-Kino, Hügelgasse 17 (1914). F.: 565; Sp.: im Sommer vier- bis fünfmal, im Winter zwei- bis viermal wöchentlich.

Waidhofen an der Thaya: Städtische Tonlichtspiele, Böhmgasse Nr. 20 (1919). F.: 284; Sp.: zweimal wöchentlich.

Waidhofen an der Ybbs: I. Waidhofner Kinotheater (1910). F.: 250; Sp.: Samstag, Sonn- u. Feiertage.

Waldegg: Elite-Kino (1935). F.: 230; Sp.: dreimal wöchentlich.

Warth: Ton-Kino. F.: 152; Sp.: Sonntag.

Wasenbruck: Urania. F.: 250; Sp.: einmal wöchentlich.

Weikendorf: Ton-Kino (1925). F.: Sp.: Sonn- und Feiertage.

Weißenbach an der Triesting: Ton-Kino Mirabell, Hauptstraße 139. F.: 280; Sp.: Mittwoch, Sonntag.

Weitersfeld: Kino Weitersfeld (1925). Ruf: 12; F.: 280; Sp.: Sonn- und Feiertage.

Weitra: Ton-Kino, Kirchengasse 94 (1923). F.: 140; Sp.: Sonn- und Feiertage.

Wiener - Neustadt: Apollo, Schlögelgasse 24 (1908). Ruf: 370; F.: 370; Sp.: tgl.

— **Elite-Kino,** Kolonitschgasse Nr. 1 (1930). F.: 330; Sp.: tgl.

— **Scala,** Babenbergerring 6 (1905). Ruf: 374; F.: 395; Sp.: tgl.

— **Zentral-Kino,** Brodtischgasse Nr. 3 (1920). Ruf: 542; F.: 495; Sp.: täglich.

Wieselburg an der Erlauf: Ton-Kino Wieselburg, Mankerstraße Nr. 7 (1919). Ruf: 38; F.: 160; Sp.: Mittwoch, Samstag, Sonn- und Feiertage.

Wildendürnbach: Kinotheater (1929). F.: 100; Sp.: Sonntag.

Wilfersdorf: Ton - Kino Wilfersdorf (1927). F.: 140; Sp.: Sonntag.

Wilhelmsburg an der Traisen: Ton-Kino, Hauptstraße 9 (1912). F.: 219; Sp.: Samstag und Sonntag.

Willendorf: Kinotheater. F.: 144; Sp.: Sonntag.

Wimpassing a. L.: Ton-Kino. F.: 120; Sp.: Sonn- und Feiertage.

Wimpassing i. Schwzt.: Ton-Kino, Reichsstraße 1 (1922). F.: 220; Sp.: Samstag und Sonntag.

Winzendorf: Ton-Kino (1920). F.: 176; Sp.: Sonn- und Feiertage.

Wolkersdorf: Ton-Kino (1912). F.: 310; Sp.: Sonn- und Feiertage.

Wöllersdorf-Trutzdorf: Ideal-Tonkino, Hauptstraße 92 a (1929). F.: 230; Sp.: Sonn- und Feiertage.

Wullersdorf: Invaliden-Kino. F.: 150; Sp.: jeden zweiten Sonntag.

Ybbs an der Donau: Ton-Kino, Langegasse 102 (1914). F.: 280; Sp.: Samstag, Sonn- und Feiertage.

Ybbsitz: Urania - Ton - Kino (1925). F.: 100; Sp.: Sonntag.

Zeiselmauer: Lichtspieltheater Zeiselmauer. F.: 250; Sp.: Sonn- und Feiertage.

Zellerndorf: Invaliden - Kino (1927). F.: 180; Sp.: Sonntag, im Sommer geschlossen.

Zemendorf: Kreis-Kino (1929) F.: 156; Sp.: Sonn- und Feiertage.

Ziersdorf: Ton-Kino, Hauptstraße 142 (1922). F.: 210; Sp.: Sonn- und Feiertage.

Zistersdorf: Lichtspieltheater, Bahnhofstraße (1905). F.: 220; Sp.: ein- bis zweimal wöchentlich.

Zlabings: Ton-Kino. F.: 240.

Zurndorf: Apollo-Kino, Hauptstraße Nr. 154 (1927). F.: 117; Sp.: Sonntag.

Znaim: Ton-Kino Deutsches Haus.

Zwentendorf: Ton-Kino. F.: 285; Sp.: Samstag und Sonntag.

Zwettl: Ton-Kino Zwettl, Adolf-Hitler-Plaz Nr. 7 (1920). F.: 335; Sp.: Sonn- und Feiertage.

Ober-Donau

Aigen im Mühlviertel: Ton-Lichtspiele Aigen (1927). F.: 180; Sp.: Sonntag.

Altheim: Ton-Kinotheater, Kirchengasse 169 (1920). F.: 213; Sp.: Sonn- und Feiertage.

Altmünster: Ton-Kino, Gasthof Reiberstorfer (1930). F.: 110; Sp.: Sonntag.

Ampfelwang: Ton-Kino (1936). F.: 129; Sp.: Sonn- und Feiertage.

Andorf: Lichtspiele, Riederstraße 148 (1926). Ruf: 8; F.: 196; Sp.: Sonn- und Feiertage.

Aschach an der Donau: Ton-Kino (1937). F.: 120; Sp.: Sonn- und Feiertage.

Aspach: Markt-Kino (1928). F.: 196; Sp.: Sonntag.

Attnang - Puchheim: Volks-Ton-Kino Maximilianstraße (1932). F.: 181; Sp.: Sonntag.

— **Arbeiterheim-Ton-Kino** (1918). F.: 398; Sp.: Samstag, Sonn- und Feiertage.

Aussee, Bad: Kurtheater-Ton-Kino, Bahnhofstraße 237 (1902). F.: 320; Sp.: Mittwoch, Samstag, Sonntag, im Sommer viermal wöchentlich.

Bad Hall: Kurkommissions - Kino, Steyrerstraße 7 (1914). Ruf: 102 und 38; F.: 300; Sp.: dreimal wöchentlich während der Saison.

Bad Ischl: Kurtheater-Ton-Kino. F.: 300; Sp.: Mittwoch, Freitag, Samstag, Sonntag.

Braunau am Inn: Stadt-Ton-Kino (1910). Ruf: 27; F.: 221; Sp.: Mittwoch, Donnerstag, Samstag, Sonntag.

Ebensee: Volks-Kino, Bahnhofstraße Nr. 29 (1919). F.: 500; Sp.: Samstag, Sonn- und Feiertage.

Eberschwang: Ton-Kino (1924). F.: 240; Sp.: Sonn- und Feiertage.

Eferding: Kriegsopfer - Ton - Kino, Hauptplatz 37 (1922). F.: 248; Sp.: Donnerstag, Samstag, Sonn- und Feiertage.

Enns: Stadt-Ton-Kino, Mauthausnerstraße 8 (1916). Ruf: 30; F.: 454; Sp.: Donnerstag, Samstag, Sonntag.

Frankenburg: Elite-Kino, Marktplatz Nr. 41 (1921). F.: 144; Sp.: Samstag, Sonn- und Feiertage.

Freystadt: Ton-Kino Freystadt, Sackgasse 76 (1913). Ruf: 2; F.: 272; Sp.: Mittwoch, Samstag, Sonn- und Feiertage.

Gallneukirchen bei Linz: Ton-Kino (1923). F.: 203; Sp.: Sonn- und Feiertage.

Gallspach bei Grieskirchen: Ton-Kino (1927). F.: 150; Sp.: Samstag, Sonntag.

Garsten: Tonfilm-Kino, Kraxenthal 7 (1921). F.: 265; Sp.: Mittwoch, Donnerstag, Samstag, Sonntag.

Gmunden: Städtisches Tonfilmtheater, Theatergasse 12 (1912). F.: 329; Sp.: Montag, Mittwoch, Donnerstag, Samstag, Sonntag.

Goisern: Kinotheater, Bundesstraße Nr. 282 (1928). F.: 260; Sp.: Mittwoch, Sonn- und Feiertage.

Gratzen: Ton-Kino.

Grein: Klangfilmtheater, Stadtplatz 85 (1920). F.: 166; Sp.: Mittwoch, Sonntag.

Grieskirchen: Ton-Kino, Zauneggerstraße 200 (1920). F.: 311; Sp.: dreimal wöchentlich.

Grünburg: Ton-Kino (1919). F.: 190; Sp.: Samstag, Sonn- und Feiertage.

Haag am Hausruck: Ton-Lichtspiele, Marktplatz 2 (1920). F.: 198; Sp.: Sonn- und Feiertage.

Hallstatt: Kino, Seestraße (1932). F.: 182; Sp.: Samstag, Sonntag.

Haslach: Ton-Kino (1930). F.: 220; Sp.: Sonntag.

Hinterstoder: Tonlichtspiele Hinterstoder (1936). F.: 200; Sp.: einmal wöchentlich.

Kaplitz: Ton-Kino.

Kirchdorf an der Krems: Ton-Kino, Bahnhofstraße (1930). F.: 300; Sp.: Sonn- und Feiertage.

Kremsmünster an der Pyhrnbahn: Kino Kremsmünster, Hauptstraße Nr. 50 (1925). F.: 210; Sp.: Samstag, Sonn- und Feiertage.

Lambach: Lichtspieltheater, Leitenstraße 98 (1920). F.: 300; Sp.: Samstag, Sonn- und Feiertage.

Linz: Atlantis-Kino, Franckstraße. F.: 322; Sp.: Samstag und Sonntag.

— **Klangfilm - Theater,** Rudolfstraße Nr. 17. F.: 510; Sp.: tgl.

— **Kolosseum am Schillerplatz** (1915). F.: 1080; Sp.: tgl.

— **Lifkas Elektric-Theater,** Walterstraße 11—13 (1909). F.: 500; Sp.: tgl.

— **Phönix - Kino,** Wienerreichsstraße Nr. 25 (1912). F.: 460; Sp.: tgl.

— **Zentral-Kino,** Landstraße Nr. 36 (1895). F.: 800; Sp.: tgl.

Linz-Kleinmünchen: Volks-Ton-Kino, Kleinmünchen, Josef-Denk-Straße Nr. 34 (1919). F.: 411; Sp.: Samstag und Sonntag.

Leonding: Ton-Kino. F.: 200; Sp.: Samstag, Sonntag.

Mattighofen: Ton-Kino Hainz, Kinogasse 77 (1918). F.: 245; Sp.: Samstag und Sonntag, im Sommer nur Sonntag.

Mauerkirchen: Ton-Kino, Hauptplatz Nr. 62 (1925). F.: 235; Sp.: Sonn- und Feiertage:

Mauthausen: Ton - Kino, Marktplatz Nr. 126 (1915). F.: 230; Sp.: Samstag, Sonn- und Feiertage.

Molln: Kinotheater (1926). F.: 167; Sp.: Sonn- und Feiertage.

Mondsee: Ton-Kino, Rainerstraße 249 (1919). F.: 200; Sp.: Samstag, Sonntag.

Neufelden: **Ton - Kino Neufelden** (1936). F.: 156; Sp.: Samstag, Sonn- und Feiertage.

Neuhofen an der Krems: **Ton-Kino,** Bahnhofstraße Nr. 27 (1921). F.: 220; S.: Sonn- und Feiertage.

Neumarkt am Hausruck: **Ton-Kino** (1936). F.: 249; Sp.: Samstag, Sonntag.

Obernberg am Inn: **Ton-Kino,** Alter Markt 94 (1920). F.: 204; Sp.: Sonntag.

Ober-Plan: Ton-Kino.

Ottensheim an der Donau: Volks-Kino, Marktplatz, Hotel Post (1919). F.: 166; Sp.: Samstag, Sonntag.

Perg: Tonfilmtheater, Linzerstraße Nr. 142 (1923). F.: 290; Sp.: Samstag, Sonn- und Feiertage.

Peuerbach : **Ton - Kino,** Marktplatz (1919). F.: 226; Sp.: Sonn- und Feiertage.

Prägarten: Ton-Kino (1930). F.: 137; Sp.: Sonntag.

Raab: Kinotheater. F.: 150; Sp.: Samstag, Sonntag.

Ried im Innkreis: Erstes Tonfilm-Kino, Hoher Markt 10 (1920). F.: 386; Sp.: vier- bis fünfmal wöchentlich.

— **Rieder Tonfilm-Palast,** Hartwagnerstraße 36 (1910). F.: 350; Sp.: täglich.

Rohrbach: Ton-Kino, Marktplatz 25 (1926). F.: 192; Sp.: Samstag, Sonn- und Feiertage.

St. Georgen im Attergau: Ton-Kino. F.: 150; Sp.: Sonntag.

St. Wolfgang: Lichtspielbühne, Bahnhofstraße (1925). F.: 260; Sp.: Samstag und Sonntag.

Schallerbach: Ton-Kino (1924). F.: 285; Sp.: ein- bis viermal wöchentlich.

Schärding: Ton-Kino, Denisgasse 71 (1912). F.: 350; Sp.: Montag, Dienstag, Samstag, Sonntag.

Scharnstein: Invaliden - Ton - Kino, Bahnhofstraße 120 (1923). F.: 100; Sp.: einmal wöchentlich.

Schneegattern: Kino (1922). F.: 150; Sp.: zweimal im Monat (stumm).

Schwanenstadt: Ton - Kino, Hauptplatz 43 (1923). F.: 284; Sp.: Samstag, Sonn- und Feiertage.

Seewalchen am Attersee: Ton-Kino (1905). F.: 240; Sp.: Samstag, Sonn- und Feiertage.

Sierning: Ton-Kino, Neustraße 241 (1924). F.: 348; Sp.: Samstag, Sonn- und Feiertage.

Steyr: Biograph-Theater, Grünmarkt Nr. 17 (1910). F.: 399; Sp.: vier bis sieben Tage wöchentlich.

— **Volkskino,** Volksstraße 5 (1924). F.: 958; Sp.: Montag, Freitag, Samstag, Sonn- und Feiertage.

Steyrermühl: Ton-Kino (1920). F.: 450; Sp.: Samstag, Sonn- und Feiertage.

Traun: Kinematograph (1916). F.: 289; Sp.: Sonn- und Feiertage.

Untergaumberg: Excelsior-Ton-Kino (1927). F.: 200; Sp.: Samstag, Sonn- und Feiertage.

Vorchdorf: Ton-Kino Denk (1936). F.: 300; Sp.: Samstag, Sonn- und Feiertage.

Vöcklabruck: Lichtspiee, Stadtplatz 12 (1912). F.: 328; Sp.: Samstag, Sonntag.

— **Ton-Kino der Vöcklabrucker Urania.** F.: 198; Sp.: fallweise.

Vöcklamarkt: Markt-Ton-Kino (1925). F.: 186; Sp.: Sonn- und Feiertage.

Waizenkirchen: Ton-Kino (1934). F.: 170; Sp.: Sonn- und Feiertage.

Wartberg an der Krems: Ton-Kino (1937). F.: 130; Sp.: Sonntag.

Wels: Tonfilmtheater Greif, Kaiser-Josefs-Platz Nr. 50; Rainerstraße (1912). Ruf: 9 und 85; F.: 467; Sp.: fünfmal wöchentlich.

— **Ton-Kino Patry,** Stelzhamerstraße Nr. 7 (1906). F.: 575; Sp.: drei- bis siebenmal wöchentlich.

Wels-Neustadt: Ton-Kino Wels-Neustadt, Eferdingerstraße Nr. 72 (1932). F.: 151; Sp.: Samstag, Sonn- und Feiertage.

Weyer an der Enns: Ton-Kino, Unterer Markt 11 (1913). F.: 356; Sp.: Samstag, Sonn- und Feiertage.

Windischgarsten: Ton-Kino, Bahnhofstraße (1914). F.: 185; Sp.: Sonn- und Feiertage.

Wolfsegg: Elite-Ton-Kino. F.: 200; Sp.: Sonntag.

Steiermark

Admont: Ton-Kino (1918). F.: 154; Sp.: Samstag und Sonntag, im Sommer auch Mittwoch.

Aflenz - Kurort: Ton - Kino (1924). Ruf: 9; F.: 176; Sp.: Samstag, Sonntag.

Andritz bei Graz: Ton-Kino, Reichsstraße 28 (1935). F.: 172; Sp.: Samstag und Sonntag.

Anger: Vereinskino, Hauptplatz (1929) F.: 201; Sp.: Samstag, Sonn- und Feiertage.

Arnfels: Lichtspieltheater. F.: 112; Sp.: Sonn- und Feiertage.

Bad Gleichenberg: Kurtheater und Ton-Kino. F.: 240; Sp.: vom 15. Mai bis 15. September tgl.; sonst Sonntag.

Birkfeld: Ton-Kino. F.: 195; Sp.: Samstag und Sonntag.

Bruck an der Mur: Stadt-Kino, Schillerstraße 3 (1927). Ruf: 92; F.: 473; Sp.: tgl.

Deutsch-Feistritz: Ton-Kino Deutsch-Feistritz, Grazerstraßer Nr. 118 (1923). F.: 250; Sp.: Samstag, Sonn- und Feiertage.

Deutsch-Landsberg: Stadt-Kino, Kirchengasse 1 (1919). Ruf: 21; F.: 270; Sp.: Sonntag.

Donawitz: Ton-Kino (1922). Ruf: 334; F.: 704; Sp.: tgl.

Eggenberg bei Graz: Maxim - Bio, Kernstockgasse 16, Krausgasse 17 (1922). F.: 250; Sp.: Dienstag, Mittwoch, Samstag, Sonn- und Feiertage.

— Westend-Kino, Roseggergasse 49. F.: 250; Sp.: Dienstag, Mittwoch, Samstag und Sonntag.

Eibiswald: Lichtspielhaus (1925). Ruf: 16; F.: 125; Sp.: Sonntag.

Eisenerz: Eisenerzer Ton-Kino, Bergmannplatz Nr. 3 (1919). F.: 260; Sp.: Donnerstag, Samstag, Sonn- und Feiertage.

Fehring: Ton - Kino, Bahnhofstraße Nr. 103. F.: 98; Sp.: Samstag, Sonntag.

Feldbach: Ton-Kino, Hauptplatz 70 (1915). F.: 298; Sp.: Mittwoch, Samstag und Sonntag.

Fohnsdorf: Gemeinde-Ton-Kino, Josefiplatz 3 (1921). Ruf: 4; F.: 274; Sp.: Montag, Mittwoch, Donnerstag, Samstag, Sonntag.

Frauenkirchen: Ton- Lichtspieltheater, Hauptstraße Nr. 37—39 (1913). F.: 250; Sp.: Sonn- und Feiertage.

Friedberg: Ton-Kino, Wienerstraße 95 (1926). Ruf: 16; F.: 154; Sp.: Sonn- und Feiertage.

Frohnleiten: Ton-Kino Frohnleiten, Theresienhof (1920). F.: 200; Sp.: Samstag, Sonntag.

Fürstenfeld: Ton-Lichtspiele, Adolf-Hitler-Platz 4 (1920). Ruf: 99; F.: 265; Sp.: Mittwoch, Samstag, Sonn- und Feiertage.

Gattendorf: Zentral-Ton-Kino (1930). F.: 135; Sp.: Sonntag.

Gleisdorf: Stadt-Ton-Kino Gleisdorf, Florianplatz 4—6 (1929). F.: 260; Sp.: Mittwoch, Samstag, Sonn- und Feiertage.

Gösting bei Graz: Ton-Kino, Wienerstraße 234 (1935). F.: 209; Sp.: Mittwoch, Donnerstag, Samstag, Sonn- und Feiertage, im Sommer Samstag, Sonn- und Feiertage.

Gratwein: Ton-Kino (1920). F.: 319; Sp.: Samstag, Sonn- und Feiertage.

Graz : Annenhof-Ton-Kino, Annenstraße 29 (1909). Ruf: Kassa 1282, Kanzlei 5874; F.: 902; Sp.: tgl.

— Apollo-Ton-Kino, Keplerstraße 38 (1924). Ruf: 5886; F.: 305; Sp.: täglich.

— Elite-Klang-Kino, Rechbauerstraße Nr. 6 (1921). Ruf: 05-64; F.: 196; Sp.: tgl.

— Opern-Kino, Radetzkystraße Nr. 1 (Ecke Jakominiplatz) (1933). Ruf: 35-68; F.: 620; Sp.: tgl.

— Ring-Ton-Kino, Joanneumring 22 (1919). Ruf: 41-22; F.: 312; Sp.: tgl.

— Schubert-Kino, Mehlplatz 2 (1922). Ruf: 31-65; F.: 310; Sp.: tgl.

— Theater-Kino, Franzensplatz (1924) Ruf: 54-71; F.: 780; Sp.: tgl.

— Ton-Lichtspiele, Conrad-v.-Hötzendorf-Straße 64 (1906). Ruf: 40-32; F.: 400; Sp.: tgl.

— Union-Kino, Annenstraße Nr. 34 (1910). Ruf: 22-87; F.: 488; Sp.: täglich.

— Zentral-Kino, Griesplatz Nr. 27 (1921). Ruf: 41-70; F.: 338; Sp.: täglich.

Großpetersdorf: Ton - Kino, Hauptstraße 80 (1926). F.: 150; Sp.: Sonn- und Feiertage.

Gröbming: Ton-Kino. F.: 192; Sp.: Sonntag.

Güssing: Stadt - Theater - Ton - Kino, Hauptplatz 7 (1928). F.: 300; Sp.: Mittwoch, Sonn- und Feiertage.

Hartberg: Stadtkino, Wiesengasse 137 (1928). Ruf: 25; F.: 300; Sp.: Mittwoch, Samstag, Sonntag.

Hieflau: Ton-Kino Hieflau. (1925). Ruf: 6; F.: 150; Sp.: Sonntag.

Jennersdorf: Kinotheater, Hauptplatz (1927). F.: 89; Sp.: Samstag und Sonntag.

Judenburg: Stadt-Ton-Kino, Burggasse 3 (1912). F.: 330; Sp.: tgl.

Kalsdorf: Ton - Kino, Wienerstraße. F.: 202; Sp.: Samstag, Sonntag.

Kapfenberg: Stadt-Ton-Kino, Lindenplatz 4 (1911). F.: 619; Sp.: Montag, Dienstag, Freitag, Samstag, Sonn- und Feiertage.

— **Werkskino,** Konsul-Friedrich-Böhler-Straße (1921). F.: 640; Sp.: fallweise (stumm).

Kindberg: Ton-Kino, Markt 6 (1925). F.: 162; Sp.: Mittwoch, Samstag, Sonntag.

Knittelfeld: Stadt - Ton-Kino, Stubalpenstraße 12 (1912). F.: 361; Sp.: ein- bis zweimal wöchentlich.

— **Theater-Ton-Kino,** Landschachergasse 15 (1931). Ruf: 2; F.: 365; Sp.: Samstag und Sonntag, fallweise Samstag.

Köflach : Köflacher Lichtspielhaus, Adolf-Hitler-Straße 58 (1919). Ruf: 48; F.: 352; Sp.: Samstag und Sonntag, im Winter auch Dienstag und Mittwoch.

Krieglach: Tonlichtspiele Krieglach (1934). F.: 210; Sp.: Samstag, Sonn- und Feiertage, fallweise Donnerstag.

Langenwang : Zentral - Ton - Kino (1926). F.: 284; Sp.: Sonn- und Feiertage.

Leibnitz: Stadt-Kinotheater, Bahnhofstraße 10 (1913). F.: 410; Sp.: Mittwoch, Donnerstag, Samstag, Sonntag.

Leoben: Ton-Kino, Kärntnerstraße 38 (1908). F.: 534; Sp.: tgl.

— **Zentral - Lichtspiele,** Adolf-Hitler-Platz 2 (1934). Ruf: 281; F.: 300; Sp.: tgl.

Liezen: Lichtspieltheater, Reichsstraße Nr. 42 (1917). F.: 186; Sp.: Samstag, Sonn- und Feiertage.

Mariazell: Mariazeller Lichtspieltheater, Adolf-Hitler-Platz Nr. 5 (1911). Ruf: 17; F.: 399; Sp.: Sommer täglich, im Winter Samstag und Sonntag.

Murau : Kinotheater, Raffaltplatz (1922). F.: 142; Sp.: Samstag, Sonn- und Feiertage.

Mureck: Ton-Kino. F.: 250; Sp.: Sonn- und Feiertage.

Mürzzuschlag: Stadt-Ton-Kino, Kernstockgasse 4 (1925). Ruf: 2 und 46; F.: 686; Sp.: Dienstag, Samstag, Sonn- und Feiertage.

Neuberg: Ton-Kino. F.: 204; Sp.: Samstag und Sonntag.

Neudau: Ostmark-Ton-Kino, Hauptplatz 75 (1929). F.: 132; Sp.: Sonn- und Feiertage, fallweise Samstag.

Neumarkt: Neumarkter Ton - Kino, Hauptplatz 18 (1921). F.: 150; Sp.: Samstag und Sonntag.

Niklasdorf an der Mur: Ton-Kino (1935). F.: 150; Sp.: Mittwoch, Samstag, Sonn- und Feiertage.

Oberwart: Gloria-Ton-Kino (1933). F.: 327; Sp.: Mittwoch, Samstag, Sonn- und Feiertage.

Obdach: Ton-Kino (1935). F.: 134; Sp.: Samstag, Sonn- und Feiertage.

Oberwölz: Ton-Kino, Neugasse 63 (1935). F.: 120; Sp.: Sonntag, fallweise Samstag.

Passail: Kinotheater, Hauptplatz 74 (1928). F.: 150.

Pinggau: Kinotheater (1921). F.: 150.

Pinkafeld: Theater-Ton-Kino (1927). F.: 312; Sp.: Samstag, Sonntag.

Pöllau: Ton-Kino, Hauptplatz Nr. 10 (1912). F.: 146; Sp.: Sonntag, Juli, August auch Mittwoch und Samstag.

Pöls: Kinotheater (1922). F.: 102; Sp.: Samstag, Sonn- und Feiertage.

Pöttsching: Ton-Kino. F.: 100; Sp.: Sonntag.

Puntigam: Ton-Kino (1928). F.: 250; Sp.: Samstag, Sonn- und Feiertage.

Radkersburg: Städtisches Kinotheater, Theatergasse 3 (1915). Ruf: 9; F.: 100; Sp.: Samstag, Sonntag.

Rechnitz: Ton-Kino, Sackgasse 464 (1913). F.: 150; Sp.: Sonn- und Feiertage, fallweise auch Wochentage.

Rottenmann: Lichtspieltheater Ton-Kino (1932). F.: 160; Sp.: Sonntag.

St. Gallen: Ton-Kino (1926). F.: 150; Sp.: Sonn- und manchen Feiertagen.

St. Michael: Kino (1937). F.: 80; Sp.: Sonntag.

St. Lambrecht: Lamprechterhof-Kino (1935). F.: 150; Sp.: Samstag und Sonntag.

St. Peter bei Graz: Ton-Kino, Hauptstraße 23 (1935). F.: 180; Sp.: Samstag, Sonntag.

St. Ruprecht a. R.: Ton-Kino (1928). F.: 158; Sp.: Sonntag.

Scheifling: Tonkino Scheifling (1936). F.: 135; Sp.: ein- bis zwei Tage wöchentlich.

Schladming: Ton-Kino Deubler, Hauptplatz (1927). F.: 180; Sp.: Samstag, Sonn- und Feiertage.

Schwanberg an der Wieserbahn: Ton-Kino, Grazerstraße 9 (1916). F.: 200; Sp.: Samstag und Sonntag.

Selzthal: Ton-Kino. F.: 140; Sp.: Sonntag.

Stadt Schlaining: Ton-Kino, Hauptstraße 176 (1926). F.: 300; Sp.: Samstag, Sonn- und Feiertage.

Stainach im Ennstale: Ton-Kino Stainach, Bahnhofplatz (1920). F.: 180; Sp.: Samstag, Sonntag.

Stainz: I. Weststeirisches Lichtspielhaus, Bahnhofstraße 41 (1918). F.: 136; Sp.: Sonntag.

Straß: Kinotheater. F.: 131; Sp.: Samstag, Sonntag.

Stegersbach: Ton - Kino Neubauer (1928). Ruf: 12; F.: 150; Sp.: Samstag und Sonntag.

Tatzmannsdorf, Bad: Ton-Kino. F.: 190; Sp.: Sonntag.

Trofaiach: Ton-Kino Trofaiach, Hauptstraße 59 (1917). F.: 194; Sp.: Samstag, Sonn- und Feiertage, Juli bis August auch Mittwoch.

Veitsch im Mürztal: Ton-Kino (1925). F.: 232; Sp.: Samstag, Sonntag.

Voitsberg: Städtisches Kino, Hauptplatz 46 (1920). Ruf: 13; F.: 247; Sp.: Samstag, Sonn- u. Feiertage.

Wartberg im Mürztal: Ton - Kino, Reichsstraße 100 (1919). F.: 168; Sp.: Donnerstag, Samstag, Sonn- und Feiertage.

Weiz: Stadt-Ton-Kino, Klammstraße Nr. 77 (1917). F.: 322. Sp.: Samstag, Sonn- und Feiertage.

Wies: Markt-Ton-Kino (1928). F.: 156; Sp.: Sonntag.

Wildon: Markt-Kino (1923). F.: 160; Sp.: Samstag, Sonntag.

Zeltweg: Ton-Kino (1919). F.: 270; Sp.: Mittwoch, Samstag, Sonn- und Feiertage.

Kärnten

Bleiburg: Ton-Kinotheater, Kumeschgasse 15 (1917). F.: 160; Sp.: Sonn- und Feiertage.

Eberstein: Ton-Kino Eberstein (1925) Ruf: 1; F.: 150; Sp.: Sonn- und Feiertage.

Eisenkappel: Ton-Kino (1926). F.: 328; Sp.: Sonntag.

Feistritz an der Drau: Kinotheater (1929). F.: 200; Sp.: Samstag, Sonn- und Feiertage.

Feldkirchen: Ton-Kino Feldkirchen, Himmelbergerstraße 5 (1925). F.: 250; Sp.: Donnerstag, Samstag, Sonn- und Feiertage.

Ferlach: Stadt-Ton-Kino, Hauptplatz (1925). F.: 440; Sp.: Samstag, Sonn- und Feiertage.

Friesach: Ton-Kino (1923). F.: 252; Sp.: Sonn- und Feiertage.

Gailitz-Arnoldstein: Ton-Kino Gailitz-Arnoldstein (1929). F.: 189; Sp.: Samstag und Sonntag.

Greifenburg: Ton-Kino. F.: 150; Sp.: dreimal wöchentlich.

Gurk: Gurktaler Kino, Bahnhofstraße Nr. 22 (1925). F.: 99; Sp.: Sonn- und Feiertage.

Hermagor: Ton-Kino Lichtspielhaus Hermagor (1929). F.: 216; Sp.: Sonn- und Feiertage.

Hüttenberg: Markt-Kino Hüttenberg (1926). F.: 160; Sp.: Sonn- und Feiertage, fallweise Samstag.

Klagenfurt: Ton-Kino Prechtl, 10.-Oktober-Straße 25 (1908). Ruf: 14-19; F.: 245; Sp.: tgl.

— Stadttheater-Ton-Kino, Purtscherstraße 6 (1915). Ruf: 139; F.: 742; Sp.: tgl.

Kötschach: Ton-Lichtspiele Kötschach (1920). F.: 167; Sp.: Sonn- und Feiertage.

Kreuth bei Bleiburg: Ton-Kino (1929) F.: 96; Sp.: Sonntag.

Lienz: Linder Stadt-Kino, Schweizergasse 3 (1912). F.: 372; Sp.: Mittwoch, Donnerstag, Samstag, Sonntag im Winter.

Matrei in Osttirol: Kino der Marktgemeinde (1930). F.: 198; Sp.: Sonntag.

Nötsch: Kinotheater (1931). F.: 126; Sp.: Sonntag, eventuell Samstag.

Obervellach: **Obervellacher Lichtspiel-theater,** Hauptplatz Nr. 17 (1926). F.: 100; Sp.: Sonntag.

Pörtschach: **Lichtspiele** (1922). F.: 284; Sp.: Mitte Juni bis Mitte September täglich, im Winter zwei- bis dreimal wöchentlich.

Radenthein: **Kinotheater** (1925). F.: 220; Sp.: Samstag, Sonntag.

St. Jakob im Rosenthal: **Ton-Kino St. Jakob** (1931). F. 158; Sp.: Sonn- und Feiertage.

St. Peter bei Klagenfurt: **Ton-Kino,** Hauptstraße 7 (1930). F.: 220; Sp.: Mittwoch, Donnerstag, Samstag, Sonntag.

St. Ruprecht bei Klagenfurt: **Volks-Kino,** Hauptplatz (1926). Ruf: 11-50; F.: 542; Sp.: tgl.

St. Veit an der Glan: **Stadt-Kino,** Hauptplatz 31 (1912). Ruf: 104; F.: 330; Sp.: Mittwoch, Samstag, Sonn- und Feiertage.

Sillian: **Ton-Kino** (1936). F.: 189; Sp.: Samstag, Sonn- und Feiertage.

Spittal an der Drau: **Stadt-Ton-Kino,** 10.-Oktober-Straße 7 (1932). F.:

394; Sp.: Mittwoch, Donnerstag, Samstag, Sonn- und Feiertage.

Treibach-Althofen: **Ton-Lichtspielhaus,** Kreuzstraße 140 (1924). F.: 230; Sp.: Samstag, Sonn- und Feiertage.

Velden: **Ton-Kino** (1935). F.: 247; Sp.: Juli bis August täglich, sonst nur Sonntag.

Villach: **Elite-Ton-Kino,** Rennsteinerstraße 6 a (1928). Ruf: 17-60; F.: 350; Sp.: tgl.

— **Stadt-Ton-Kino,** Gerbergasse 13 (1911). Ruf: 11-08; F.: 230; Sp.: von November bis Mai: Samstag, Sonn- und Feiertage.

— **Theater - Ton - Kino** (1921). Ruf: 16-00 und 16-01; F.: 327; Sp.: tgl.

Völkermarkt: **Klangkino Völkermarkt,** Mettlingergasse 155 (1921). F.: 170; Sp.: Samstag, Sonn- und Feiertage.

Winklern im Mölltal: **Obermölltaler Tonlichtspiele** (1928). F.: 98; Sp.: 14tägig.

Wolfsberg: **Tonlichtspiele Schüßler,** Roßmarkt 208 (1911). F.: 220; Sp.: Donnerstag, Samstag, Sonn- und Feiertage.

Salzburg

Badgastein: **Central - Kino** (1930). Ruf: 432; F.: 360; Sp.: im Sommer täglich, im Winter nur Sonn- und Feiertage.

Bischofshofen: **Tonfilm-Theater,** Verbindungsgasse 11 (1928). F.: 350; Sp.: Mittwoch, Samstag, Sonn- und Feiertage.

Golling: **Kino Golling.** F.: 166.

Hallein: **Städtische Lichtbildbühne,** Franz-Xaver-Gruber-Platz Nr. 285 (1925). Ruf: 114; F.: 500; Sp.: Montag, Dienstag, Mittwoch, Samstag, Sonntag.

Hofgastein: **Kur-Kino** (1919). Ruf: 40; F.: 216; Sp.: im Sommer täglich, im Winter Samstag und Sonntag.

Lend im Pongau: **Gemeinde-Kino,** Lend 33 (1927). Ruf: 5; F.: 168; Sp.: Sonntag.

Lofer: **Ton-Kino** (1926). Ruf: 25; F.: 175; Sp.: während des Sommers Donnerstag und Sonntag.

Mittersill: **Ton-Lichtspielhaus,** Hauptstraße 49 (1931). Ruf: 2; F.: 200; Sp.: Sonn- und Feiertage.

Neumarkt: **Ton-Kino.** F.: 121; Sp.: Sonntag.

Oberndorf a. d. S.: **Ton-Lichtspiele**

(1932). F.: 280; Sp.: Samstag, Sonntag.

Radstadt: **Ton-Kino,** Ernest-Thun-Straße 14 (1923). Ruf: 20; F.: 166; Sp.: Samstag, Sonn- und Feiertage.

Saalfelden: **Lichtspielhaus,** Lofererstraße 11 (1931). F.: 300; Sp.: Mittwoch, Samstag und Sonntag.

Salzburg: **Central-Ton-Kino,** Linzergasse 17 (1910). Ruf: 628; F.: 370; Sp.: tgl.

— **Kammerlichtspiele Mirabell,** Rainerstraße 4 (1925). Ruf: 1518; F.: 400; Sp.: tgl.

— **Lifkas Elektric Theater,** Giselakai Nr. 11, Steingasse 14 (1899). Ruf: 1726; F.: 550; Sp.: tgl.

— **Mozart-Ton-Kino,** Kaigasse Nr. 23 (1902). Ruf: St. VIII von 1182; F.: 412; Sp.: tgl.

— **Lichtspielhaus Maxglan,** Hauptstraße (1927). Ruf: 1648; Büro: St. VIII von 758; F.: 600; Sp.: tgl.

Salzburg-Gnigl: **Schubert-Kino** (1926) Ruf: 1564; F.: 189; Sp.: Samstag, Sonntag (stumm).

St. Johann im Pongau: **Ton-Kino.** F.: 166; Sp.: Samstag, Sonn- und Feiertage.

Straßwalchen: Ton-Kino. F.: 130; Sp.: Sonn- und Feiertage.

Strobl: Kinotheater (1926). F.: 229; Sp.: im Winter Sonntag, im Sommer auch Mittwoch.

Tamsweg: Ton-Kino, Kirchengasse Nr. 107 (1933). Ruf: 48; F.: 198; Sp.: Samstag und Sonntag.

Zell am See: Ton-Lichtspiele, Franz-Joseph-Straße 191 (1917). F.: 280; Sp.: Samstag und Sonntag, vom 1. Juni bis 30. September: täglich.

— **Zentral-Kino,** Bahnhofstraße 256 (1926). F.: 183; Sp.: Im Winter Dienstag, Samstag, Sonntag, im Sommer a. Mittw. u. Donnerstag.

Tirol - Vorarlberg

Bludenz: Invaliden-Ton-Kino, Wichnerstraße 15 (1919). F.: 495; Sp.: Mittwoch, Donnerstag, Samstag, Sonntag.

Bregenz: Tonfilm - Theater Forstersaal, Kirchstraße 21 (1930). F.: 593; Sp.: tgl.

Dornbirn: Welt-Ton-Kino, Schulgasse Nr. 2 (1910). Ruf: 412; F.: 387; Sp.: vier bis sechs Tage wöchentlich.

Ehrwald: Vereins-Kino (1926). F.: 150; Sp.: Sonntag.

Feldkirch: Ton-Kino Saalbau, Wichnerstraße 5 (1910). Ruf: 322; F.: 400; Sp.: fünfmal wöchentlich.

— **Tonhallen-Kino** (1933). Ruf: 350; F.: 480; Sp.: tgl.

Fulpmes: Vereins-Kino (1924). F.: 141; Sp.: Sonntag.

Götzis: Vereins-Kino, Kirchweg 234 (1926). F.: 560; Sp.: Sonntag. (40mal jährlich.)

Hard: Tonfilmtheater Sonne, Seestraße 142 (1925). F.: 310; Sp.: Samstag, Sonn- und Feiertage.

Häring: Invaliden-Kino (1925). F.: 250; Sp.: Samstag, Sonn- und Feiertage.

Hall (Solbad): Ton-Kino, Wallpachgasse 5 (1910). F.: 230; Sp.: Montag, Mittwoch, Donnerstag, Samstag und Sonntag.

Hohenems: Tonlichtspiele, Maximilianstraße 3 (1913). F.: 480; Sp.: Sonn- und Feiertage.

Hötting bei Innsbruck: Löwen-Ton-Kino, Höttingergasse 24 (1913). F.: 140, Sp.: tgl.

Innsbruck: Kammerlichtspiele, Wilhelm-Greil-Straße Nr. 23 (1928). Ruf: 2757; F.: 250; Sp.: tgl.

— **Triumph-Ton-Kino,** Maria-Theresien-Straße 17—19 (1912). Ruf: 178; F.: 430; Sp.: tgl.

— **Zentral-Ton-Kino,** Maria-Theresien-Straße 37 (1912). Ruf: 868; F.: 465; Sp.: tgl.

Jenbach: Ton-Kino-Theater, Hauptplatz (1929). F.: 190; Sp.: Samstag, Sonn- und Feiertage.

Kitzbühel: Central-Kino, Hauptplatz Nr. 18 (1930). Ruf: 162; F.: 340; Sp.: in der Winter- und Sommersaison täglich.

Kramsach: Musik- und Volksspielhaus-Kino (1923). F.: 300; Sp.: Sonn- und Feiertage.

Kufstein: Egger-Ton-Kino, Adolf-Hitler-Platz (1927). F.: 280; Sp.: Montag, Samstag, Sonntag.

— **Hirschen-Ton-Kino,** Unterer Stadtplatz Nr. 19 (1912). F.: 220; Sp.: Montag, Mittwoch, Donnerstag, Samstag, Sonn- und Feiertage.

Landeck: Vereins-Kino, Malerstraße 52 (1924). F.: 377; Sp.: Mittwoch, Samstag, Sonntag.

Lustenau: Rhein-Ton-Kino, Reichsstraße 18 (1911). Ruf: 241; F.: 256; Sp.: Donnerstag, Samstag, Sonn- und Feiertage.

Nenzing: Ton - Kino Vereinshaus (1926). F.: 200; Sp.: Sonn- und Feiertage.

Rankweil: Ton-Kino. F.: 144; Sp.: Samstag, Sonntag.

Reutte: Invaliden-Kino, Hotel Hirschen (1926). F.: 289; Sp.: dreimal wöchentlich.

St. Johann in Tirol: Ton-Kino, Hauptplatz 54 (1934). F.: 150; Sp.: Mittwoch, Samstag, Sonntag.

Schwaz: Stadt-Ton-Kino, Sigismundstraße (1918). F.: 197; Sp.: Samstag, Sonn- und Feiertage.

Telfs: Ton-Kino (1920). F.: 270; Sp.: Samstag, Sonntag.

Wattens: Invaliden-Ton-Kino (1927). F.: 200; Sp.: Samstag, Sonn- und Feiertage.

Wörgl: Schubert-Lichtton-Kino, Bahnhofstraße 6 (1930). F.: 340; Sp.: Mittwoch, Samstag, Sonn- und Feiertage.

Geschichtstafel

1938.

1938, 4. 2.: Göring zum Generalfeldmarschall ernannt.

1938, 12. 2.: Der ehemalige österreichische Bundeskanzler Dr. Schuschnigg trifft auf Einladung des Führers am Obersalzberg bei Berchtesgaden ein. Der Führer erklärt Schuschnigg, daß dies sein letzter Versuch und daß er entschlossen sei, im Falle des Mißlingens dieses Versuches die Rechte des deutschen Volkes in seiner Heimat mit jenen Mitteln wahrzunehmen, die auf dieser Erde seit jeher immer dann allein noch übrig geblieben sind, wenn sich die menschliche Einsicht dem Gebot der normalen Gerechtigkeit verschlossen hat.

1938, 20. 2.: Der Führer spricht vor dem deutschen Reichstag. In einem gigantischen Rechenschaftsbericht erläutert er an Hand eines eindrucksvollen Tatsachenmaterials den deutschen Aufstieg seit der Machtergreifung. Weiters aber betont er, daß es „auf die Dauer für eine Weltmacht von Selbstbewußtsein unerträglich sei, an ihrer Seite Volksgenossen zu wissen, denen aus ihrer Sympathie oder ihrer Verbundenheit mit dem Gesamtvolk, seinem Schicksal und seiner Weltauffassung fortgesetzt schwerstes Leid zugefügt wird!"

1938, 24. 2.: Schuschnigg hält vor dem Bundestag im Herrenhaussaal des Parlaments eine von dem Prager Ghettojuden Franz Werfel entworfene Rede, in der er mit viel Stimmaufwand, untermalt vom infernalischen Gebrüll seiner Claqueure, den Vertrag von Berchtesgaden auf seine Art auslegt. Es steht bereits außer Zweifel, daß Schuschnigg die ihm vom Führer mit seiner Reichstagsrede gereichte Hand zurückstoßen will.

1938, 5. 3.: Dr. Seyß-Inquart spricht zu den Linzer Nationalsozialisten. „Der Wortgruß: Heil Hitler! ist in Oesterreich nicht zu beanstanden, wenn er als üblicher Gruß verwendet wird... der Deutsche Gruß durch Erheben der ausgestreckten rechten Hand ist in gleicher Weise zulässig!"

1938, 9. 3.: Schuschnigg verkündet in Innsbruck die ungewollt prophetischen Worte: „Mander, 's ischt Zeit!" Mit einem beispiellosen Wahlbetrug will er sich die moralische Rechtfertigung für den offenen Bruch der von ihm eingegangenen Verpflichtungen verschaffen.

1938, 10. 3.: Einberufung des Jahrganges 1915.

1938, 11. 3.: Radio Wien macht um 18,10 Uhr folgende Mitteilung: „Der Bundeskanzler und Frontführer hat sich nach Berichterstattung an den Herrn Bundespräsidenten entschlossen, die für den 13. dieses Monats angesetzte Volksbefragung zu verschieben. 20,20 Uhr teilt Dr. Seyß-Inquart im Rundfunk mit: „Ich stelle fest, daß ich mich als Innen- und Sicherheitsminister nach wie vor im Amt befinde... ich erinnere insbesondere auch daran, daß irgendein Widerstand gegen das allfällig einrückende deutsche Heer unter keinen Umständen in Frage kommt, auch nicht seitens der Exekutive..." 22 Uhr: Auf dem Balkon des Bundeskanzleramtes wird die Hakenkreuzfahne gehißt.

1938, 12. 3.: Einmarsch der deutschen Truppen in der Ostmark. Um 11 Uhr die ersten deutschen Kampfgeschwader über Wien. 15,50: Der Führer betritt in seiner Geburtsstadt Braunau am Inn den Boden der Ostmark.

1938, 13. 3.: Die Geburtsstunde Großdeutschlands. „Oesterreich ist ein Land des Deutschen Reiches."

1938, 14. 3.: Der Führer in Wien.

1938, 15. 3.: Der Führer erstattet vom Balkon der Neuen Burg auf dem Wiener Heldenplatz die größte Vollzugsmeldung seines Lebens: „Als Führer und Kanzler der deutschen Nation und des Deutschen Reiches melde ich vor der deutschen Geschichte nunmehr den Eintritt meiner Heimat in das Deutsche Reich!"

1938, 26. 3.: Generalfeldmarschall Hermann Göring verkündet in Wien sein gigantisches wirtschaftliches Aufbauprogramm.

1938, 9. 4.: Der Tag des Großdeutschen Reiches.

1938, 10. 4.: Der Tag der Volksabstimmung bringt das stolze und einzigartige Bekenntnis des deutschen Volkes zu seinem Führer. 48,8 Millionen Ja=Stimmen, das sind 99,08 v. H., davon in Oesterreich 4,270.000 Ja= Stimmen, das sind 99,75 v. H.

1938, 25. 4.: Gauleiter Bürckel zum Reichskommissar für die Wiedervereinigung ernannt.

1938, 22. 5.: Beginn der Gemeindewahlen in der Tschecho=Slowakei, 91,5 v. H. der deutschen Wähler bekennen sich zur Sudetendeutschen Partei.

1938, 24. 5.: Der Führer ernennt die 7 Gauleiter der Ostmark.

1938, 18. 6.: Die SDP. stellt in allen sudetendeutschen Städten die Bürgermeister.

1938, 25. 7.: Erhebende Feiern zum Gedenken der Juliopfer. Graz erhält den Ehrennamen „Stadt der Volkserhebung".

1938, 29. 7.: Erhebendes Bekenntnis auslanddeutscher Turner in der nächtlichen Feierstunde am Breslauer Schloßplatz.

1938, 5. 9.: Der erste Reichsparteitag Großdeutschlands, der zehnte seit dem Bestehen der NSDAP., wird von allen Glocken Nürnbergs feierlich eingeläutet.

1938, 12. 9.: Die welthistorische Rede des Führers auf dem Nürnberger Parteikongreß. „Ich spreche von der Tschecho=Slowakei . . ."

1938, 13. 9.: Standrecht über zehn sudetendeutsche Bezirke verhängt.

1938, 15. 9.: Der englische Ministerpräsident Neville Chamberlain beim Führer auf dem Obersalzberg. Die Proklamation Konrad Henleins: „Wir wollen als freie deutsche Menschen leben, wir wollen heim ins Reich."

1938, 16. 9.: SDP. eingestellt.

1938, 18. 9,: Mussolini in Triest. „ . . . wenn für oder wider Prag ein Aufmarsch universellen Charakters kommen sollte, dann muß man wissen, daß der Platz Italiens bereits gewählt ist."

1938, 22. 9.: Der englische Ministerpräsident Neville Chamberlain begibt sich zu einer Aussprache mit dem Führer nach Godesberg.

1938, 23. 9.: Die Prager Regierung verfügt die Mobilisierung der gesamten tschecho=slowakischen Armee.

1938, 26. 9.: Der Führer spricht im Berliner Sportpalast und hält eine vernichtende Abrechnung mit Benesch.

1938, 30. 9.: Um 0,30 Uhr wird in München das welthistorische Abkommen über die Abtretung der sudetendeutschen Gebiete von Hitler, Mussolini, Chamberlain und Daladier unterzeichnet.

1938, 1. 10.: Triumphaler Einzug des Führers im befreiten Eger.

1938, 2. 11.: Der Wiener Schiedsspruch über die künftige ungarisch=tschecho=slowakische Grenze.

1938, 20. 11.: Die endgültige Grenze zwischen dem Deutschen Reich und der Tschecho= Slowakei festgelegt.

1938, 4. 12.: Sudetenland bekennt sich einmütig zum deutschen Volk.

1938, 24. 12.: Volksweihnachten vereinigen alle Deutschen in dem Bekenntnis zur Volksgemeinschaft.

Bibliografie

Ungedruckte Quellen

Archiv der Republik (AdR), Bestand Reichskommissar für die Wiedervereinigung Österreichs mit dem Deutschen Reich (RKfdWÖ), „Bürckel" Materien, Karton 237 (alt: 194), Ordner 391, Mappe „Selenophon".

Österreichische Nationalbibliothek, Bildarchiv, Nachlass Lothar Rübelt, Korrespondenz und Tagebücher, März-April 1938.

Gedruckte Quellen

„Anschluß" 1938. Hg. v. Dokumentationsarchiv des österreichischen Widerstandes (DÖW). Eine Dokumentation. Wien 1988.

Gerechtigkeit für Österreich! Rot-Weiß-Rot-Buch. Darstellungen, Dokumente und Nachweise zur Vorgeschichte und Geschichte der Okkupation Österreichs „nach amtlichen Quellen". Hg. v. Ministerkomitee unter Führung des Außenministers Dr. Gruber. Wien 1946.

Wadl, Wilhelm; Ogris, Alfred: Das Jahr 1938 in Kärnten und seine Vorgeschichte. Ereignisse – Dokumente – Bilder. Klagenfurt 1988.

Zimmer, Peter (Hg.): Ostmärkisches Film-Jahrbuch 1939. Wien (1939).

Zeitungen, Zeitschriften

Das Interessante Blatt. März – April 1938.
NS-Telegraf. März – April 1938.
Reichspost. März – April 1938.
Salzburger Volksblatt. März – April 1938.
Wiener Zeitung. März – April 1938.

Bücher, Aufsätze

Achenbach, Michael; Moser, Karin (Hg.): Österreich in Bild und Ton. Die Filmwochenschau des austrofaschistischen Ständestaates. Wien 2002.

Ackerl, Isabella: Die Propaganda der Vaterländischen Front für die geplante Volksbefragung vom 13. März 1938. In: Czeike, Felix (Hg.): Wien 1938. Wien 1978. (= Forschungen und Beiträge zur Wiener Stadtgeschichte 2). S. 18–23.

Berger, Peter: Kurze Geschichte Österreichs im 20. Jahrhundert. Wien 2007.

Bartels, Ulrike: Die Wochenschau im Dritten Reich: Entwicklung und Funktion eines Massenmediums unter besonderer Berücksichtigung völkisch-nationaler Inhalte. Frankfurt am Main 2004. (= Europäische Hochschulschriften Reihe 3, Geschichte und ihre Hilfswissenschaften 995).

Botz, Gerhard: Hitlers Aufenthalt in Linz im März 1938 und der Anschluß. In: Historisches Jahrbuch der Stadt Linz 1970. Linz 1971. S. 185–214.

Botz, Gerhard: Die Eingliederung Österreichs in das Deutsche Reich. Planung und Verwirklichung des politisch-administrativen Anschlusses (1938-1940). Linz 1972. (= Schriftenreihe des Ludwig-Boltzmann-Instituts für Geschichte der Arbeiterbewegung 1).

Botz, Gerhard: Der 13. März 38 und die Anschlußbewegung. Selbstaufgabe, Okkupation und Selbstfindung Österreichs 1918-1945. Wien 1978. (= Zeitdokumente 14).

Botz, Gerhard: Nationalsozialismus in Wien. Machtübernahme und Herrschaftssicherung 1938/39. Buchloe 1988.

Botz, Gerhard: „Anschluss", Machtübernahme und „Volksabstimmung" 1938. Erscheint in: Miloslavic, Hrvoje: Die Ostmark-Wochenschau. Ein Propagandainstrument des Nationalsozialismus. Wien 2008. Ich danke Gerhard Botz für die Einsicht in das Manuskript.

Burleigh, Michael: Die Zeit des Nationalsozialismus. Eine Gesamtdarstellung. Frankfurt am Main 2000.

Castellan, George: Chronologie de l'Anschluss. In: Austriaca 4 1978, H. 6. S. 11–50.

Czeike, Felix (Hg.): Wien 1938. Wien 1978. (= Forschungen und Beiträge zur Wiener Stadtgeschichte 2).

Domarus, Max: Hitler. Reden und Proklamationen 1932-1945. Band 1: Triumph. Zweiter Halbband 1935-1938. München 1965.

Dusek, Peter; Pelinka, Anton; Weinzierl, Erika: Zeitgeschichte im Aufriß. Wien 1995.

Fritz, Walter: 1938 im Film – Vorher/Nachher. Wien 1989. (= Schriftenreihe des Österreichischen Filmarchivs 22).

Gedye, G[eorge] E[ric] R[owe] : Die Bastionen fielen. Wie der Faschismus Wien und Prag überrannte. Wien o.J. (1947).

Hanisch, Ernst: Nationalsozialistische Herrschaft in der Provinz. Salzburg im Dritten Reich. Salzburg 1983. (= Salzburg-Dokumentationen 71).

Heer, Friedrich: Der Glaube des Adolf Hitler. Anatomie einer politischen Religiosität. München 1968.

Historisches Jahrbuch der Stadt Graz. Band 18/19: Graz 1938. Graz 1988.

Hopfgartner, Anton: Kurt von Schuschnigg. Ein Staatsmann im Kampf gegen Hitler. Wien. Diss. 1988.

Jagschitz, Gerhard: NSDAP und „Anschluß" in Wien 1938. In: Czeike, Felix (Hg.): Wien 1938. Wien 1978. (= Forschungen und Beiträge zur Wiener Stadtgeschichte 2). S. 147–157.

Jagschitz, Gerhard: Photographie und „Anschluß" im März 1938. In: Oliver Rathkolb, Oliver; Wolfgang Duchkowitsch; Wolfgang; Hausjell; Fritz (Hg.): Die veruntreute Wahrheit. Hitlers Propagandisten in Österreich '38. Salzburg 1988. (= Schriftenreihe des Arbeitskreises für historische Kommunikationsforschung 1). S. 52–87.

Jagschitz, Gerhard: Politische Aspekte der Wochenschau vom März 1938 bis Kriegsbeginn. In: Fritz, Walter (Hg.): 1938 im Film – Vorher/Nachher. Wien 1989. (= Schriftenreihe des Österreichischen Filmarchivs 22). S 6 – 14.

Karner, Stefan: Die Steiermark im Dritten Reich 1938-1945. Aspekte ihrer politischen, wirtschaftlich-sozialen und kulturellen Entwicklung. Graz 1986.

Kershaw, Ian: Hitler. 1936-1945. München 2002.

Kleindel, Walter: Österreich. Daten zur Geschichte und Kultur. Wien – Heidelberg 1978.

Kleindel, Walter: „Gott schütze Österreich". Der Anschluß 1938. Wien 1988.

Kreissler, Felix (Hg.): Fünfzig Jahre danach – Der Anschluß von innen und außen gesehen. Wien 1989.

Miloslavic, Hrvoje (Hg.): Die Ostmark-Wochenschau. Ein Propagandamedium des Nationalsozialismus. Wien 2008.

Mitteregger, Irmgard: Die Wochenschau des Österreichischen Ständestaates 1933-1938. Organisation und Integration des staatlichen Zwangsbetriebes „Österreich in Bild und Ton" und sein Schicksalsweg vom Propagandainstrument zur Bereicherungsquelle. Dipl.Arb. Wien 1990.

Neumann, H. J.: *Arthur Seyß-Inquart*. Graz 1970.

Petschar, Hans; Schmid, Georg: *Erinnerung & Vision. Die Legitimation Österreichs in Bildern. Eine semiohistorische Analyse der Austria Wochenschau 1949–1960. Mit einem Beitrag von Herbert Hayduck*. Graz 1990.

Petschar, Hans: *Von der Ständestaatwochenschau zur Ostmark-Wochenschau. Die nationalsozialistische Bearbeitung der „Österreich in Bild und Ton"-Wochenschau vom 1. Oktober 1937 bis 11. März 1938. Eine Dokumentation*. Erscheint in: Zeitgeschichte 35 2008 H. 2.

Petschar, Hans: *Die Darstellung der nationalsozialistischen „Machtergreifung" in der Ostmark-Wochenschau*. Erscheint in: Miloslavic, Hrvoje (Hg.): *Die Ostmark-Wochenschau. Ein Propagandamedium des Nationalsozialismus*. Wien 2008.

Planer, Franz (Hg.): *Das Jahrbuch der Wiener Gesellschaft. Biographische Beiträge zur Wiener Zeitgeschichte*. Wien 1929.

Oliver Rathkolb, Oliver; Wolfgang Duchkowitsch; Wolfgang; Hausjell; Fritz (Hg.): *Die veruntreute Wahrheit. Hitlers Propagandisten in Österreich '38*. Salzburg 1988. (= Schriftenreihe des Arbeitskreises für historische Kommunikationsforschung 1).

Rosar, Wolfgang: *Deutsche Gemeinschaft. Seyss-Inquart und der Anschluß*. Wien – Frankfurt am Main – Zürich 1971.

Sachsse, Rolf: *Die Erziehung zum Wegsehen. Fotografie im NS-Staat*. o.O. (Dresden) 2003.

Schausberger, Norbert: *Der Griff nach Österreich. Der „Anschluß"*. Wien 1988.

Schmidl, Erwin A.: *Der "Anschluß" Österreichs. Der deutsche Einmarsch im März 1938*. Bonn 1994.

Schmidl, Erwin A.: *Bundesheer und Wehrmacht in Graz 1938*. In: Historisches Jahrbuch der Stadt Graz. Band 18/19: Graz 1938. Graz 1988. S. 137–166.

Schuschnigg, Kurt: *Ein Requiem in Rot-Weiß-Rot*. Wien 1978.

Staudinger, Eduard G.: *Zur Entwicklung des Nationalsozialismus in Graz von seinen Anfängen bis 1938*. In: Historisches Jahrbuch der Stadt Graz. Band 18/19: Graz 1938. Graz 1988. S. 31–74.

Talos, Emerich; Hanisch, Ernst; Neugebauer, Wolfgang; Sieder, Reinhard (Hg): *NS-Herrschaft in Österreich. Ein Handbuch*. Wien 2000.

Wien 1938. Katalog zur Ausstellung im Wiener Rathaus. Hg. v. d. Museen der Stadt Wien. Wien 1988.

Weber, Harry: *Ein Fotografenleben. A Photographer's Life*. In: Ecker, Berthold u. Starl, Timm (Hg.): Harry Weber – das Wien-Projekt. The Vienna Project. Salzburg 2007. S. 349–393.

Bildnachweis

Seite	Inventarnummer	Bildquelle
12–14	0011-12-0017	Österreichisches Filmmuseum
20	7857	DÖW
21	8378,1	DÖW
22	Rübelt-Negativarchiv	ÖNB
23	Rübelt-Negativarchiv 116230	ÖNB Imagno
24	H 4886/4	ÖGZ
25	0011-12-0017	Österreichisches Filmmuseum
29	117.760 B RÜ 5-2	ÖNB ÖNB
30	H 972 H 1918/7	ÖGZ ÖGZ
31	229.698 B	ÖNB
32	NB 529.595 B NB 524.160 B H 2437/8	ÖNB ÖNB ÖGZ
33	H 2727 H 4216	ÖGZ ÖGZ
34	P 1006/1	ÖGZ
35	H 4809/1 436.201 ZU 7B	ÖGZ ÖNB
36	106702-B H 4810/5	ÖNB ÖGZ
37	H 4810/1a	ÖGZ
38	H 4806	ÖGZ
39	H 4846 *handschriftlicher Vermerk:* Nur für Ausland verwenden, Original aufheben.	ÖGZ
40	H 680/2	ÖGZ

Seite	Inventarnummer	Bildquelle
40/41	H 4818/5	ÖGZ
42	Pz 1938 III 9/Innsbruck/1/2 *Zeitungstext* Der BUNDESKANZLER IN INNSBRUCK. Dr. v. Schuschnigg und der Landeshauptmann von Tirol, Dr. Schumacher (rechts) begeben sich durch die dichte Menschenmenge, die in begeisterte Ovationsrufe ausbrach, zu Fuß in den Stadtsaal, zur großen Kundgebung. *handschriftliche Anmerkung* 10.3.1938 E Sch 286	ÖNB
	Pz 1938/III/9/Innsbruck/1/1	ÖNB
	Pz 1938 III 9/Innsbruck/1/3 *Zeitungstext* Erstes Bild aus Innsbruck. Bundeskanzler Dr. v. Schuschnigg bei seiner großen Rede im Stadtsaal. handschriftliche Anmerkung 10.3.38 E Sch 286	ÖNB
43	Pk 3002, 5028 H 4818/14	ÖNB ÖGZ
44	H 4818/8 H 4818/17	ÖGZ ÖGZ
45	H 4818/3	ÖGZ
46	H 4818/20a H 4818/7	ÖGZ ÖGZ
47	H 4818/2	ÖGZ
48	E3/522 H 4819/2	VGA ÖGZ
49	H 4819/3 74.675 B	ÖGZ ÖNB
50	106.707 C H 4820/2	ÖNB ÖGZ
51	H 4820/1 H 4818/4 H 4818/16	ÖGZ ÖGZ ÖGZ
52	H 4818/13	ÖGZ

Seite	Inventarnummer	Bildquelle
53	S 350/10	ÖGZ
54	H 4822	ÖGZ

Agenturtext:
Strenge Bewaffnung der öffentlichen Gebäude.
Frontmiliz (ehemalige Angehörige der Heimwehr und
Sturmscharen) wurden aufgeboten um öffentliche Gebäude
scharf zu bewachen.
Unser Bild zeigt: Frontmiliz in feldmässiger Ausrüstung
bewachen öffentliche Gebäude. 10. III. 1938.

	H 4821/11	ÖGZ

Agenturtext 1958:
20 Jahre nach 1938.
Bewaffnete mit Hakenkreuzbinden und Stahlhelm besetz-
ten Regierungsgebäude.
U.B.z.: In der Herrengasse vor dem Landhaus.

56	RÜ ZK 248/1	ÖNB
	Rübelt-Negativarchiv	ÖNB
57	Rübelt-Negativarchiv	ÖNB
58	RÜ ZK 248/2	ÖNB
59	Pz 1938 III 11/Innsbruck/1/2	ÖNB

Zeitungstext:
Eine unübersehbare Menge feierte in den Straßen Inns-
brucks den Sieg der nationalsozialistischen Bewegung in
Oesterreich
handschriftliche Anmerkung
2.3. 38 T. 403

60	Pz 1938 III 11/Wien/1/3	ÖNB

Zeitungstext:
Das enthusiasmierte Volk hob zahlreiche im Dienst
befindliche Wachebeamte mit der Hakenkreuzbinde auf ihre
Schultern
handschriftliche Anmerkung
12.3. 38 T. 40J

61	Pz 1938 III 11/Wien/1/2	ÖNB

Zeitungstext:
Ein Orkan: „Heil Hitler! Sieg Heil!"
Agenturtext:
Von der gestrigen Siegesfeier der Nationalsozialisten in
Wien
handschriftliche Anmerkung
12.3. 38 T. 40J

	H 4821/19	ÖGZ
62	H 4821/6	ÖGZ

Seite	Inventarnummer	Bildquelle
62	H 4821/8	ÖGZ
63	Pz 1938 III 11/Wien/1/4	ÖNB
	Pz 1938 III 12/Wien/1/1	ÖNB

Zeitungstext:
Unter brausenden Zurufen trat das neugebildete Kabinett
auf den Balkon des Kanzleramtes und zeigte sich im Licht
der Scheinwerfer den begeisterten Volksgenossen.
Agenturtext:
Von der Siegesfeier
Die Machtergreifung der Nationalsozialisten in Österreich.
Die neuen Regierungsmitglieder mit Kanzler Dr. Seyss-
Inquart (in der Mitte) am Balkon des Bundeskanzleramtes.
handschriftliche Anmerkung
12.3. 38 T. S1005

	H 4821/12	ÖGZ
64	RÜ ZK 248/3	ÖNB
	Rübelt-Negativarchiv	ÖNB
65	Rübelt-Negativarchiv	ÖNB
66	Rübelt-Negativarchiv	ÖNB
67	Rübelt-Negativarchiv	ÖNB
68	Pz 1938 III 13/Wien/1/3	ÖNB

Zeitungstext:
Unten: Die deutschen Fliegertruppen nach ihrer Landung
auf dem Flugfeld in Aspern.
handschriftlicher Text:
Machtübernahme der Nationalsozialisten in Österreich
handschriftliche Anmerkung
14.3. 38 T. 40J

	Ostmark-Wochenschau	
	12/1938	Filmarchiv Austria
69	Pz 1938 III 12/München/1/1	ÖNB

Agenturtext:
Adolf Hitler and general Keitel in Munich enroute to Austria
Associated Press Photo shows Adolf Hitler and behind him
general Keitel, chief of the high command of Germany's
armed forces as they proceeded from Munich toward
Austria March 12th 1938.
handschriftliche Anmerkung
12.3.38 Flugpl. München nach 8h5

70	S 60/56	ÖGZ
	H 4825	ÖGZ
71	S 305/6	ÖGZ

Seite	Inventarnummer	Bildquelle
72	H 4844/1	ÖGZ
	H 4844/8	ÖGZ
	H 4844/7	ÖGZ
73	Pz 1938 III 13/Wien/1/2	ÖNB

73
Zeitungstext:
Oben: In stürmischer Begeisterung „besichtigt" Oesterreichs
deutsche Jugend die eben eingetroffenen Panzerwagen der
deutschen Truppen.
handschriftlicher Text:
Machtübernahme der Nationalsozialisten in Österreich
Deutsche Panzerwagen werden von der Wr. Jugend
besichtigt.
handschriftliche Anmerkung
14.3. 38 T. 40J

74	P 1267	ÖGZ
	S 78/60	ÖGZ
	Pz 1938 III 13/Wien/3/1	ÖNB
	Pz 1938 III 13/Leonding/1/1	ÖNB

Originaltext aus dem Buch
Heinrich Hoffmann, „Hitler in seiner Heimat"
„Der Führer nach vielen Jahren an der Stätte seiner Jugend"

75	Pz 1938 III 13/Wien/2/1	ÖNB
76	P 30/1	ÖGZ
	S 78/87	ÖGZ
	Pz 1938 III 14/Wien/1/4	ÖNB
77	S 305/12	ÖGZ
78	P 251/1	ÖGZ
	Pz 1938 III 14/Wien/1/4	ÖNB
79	H 4827/6	ÖNB
	Pz 1938 III 14/Wien/1/2	ÖGZ
80	H 4828/2	ÖGZ
	H 4828/4	ÖGZ
81	S 60/47	ÖGZ
82	Pz 1938 III 15/Wien/1/4	ÖNB
	Pz 1938 III 15/München/1/1	ÖNB
83	H 4828/5	ÖGZ
84	GLO 11 B	ÖNB
	GLO 13 B	ÖNB
	GLO 10 B	ÖNB

Seite	Inventarnummer	Bildquelle
85	GLO 13 B	ÖNB
	GLO 12 B	ÖNB
86	GLO 3 B	ÖNB
	GLO 2 B	ÖNB
	GLO 4 B	ÖNB
87	GLO 7 B	ÖNB
	GLO 6 B	ÖNB
	GLO 9 B	ÖNB
88	Pz 1938 III 16/Berlin/1/3	ÖNB
89	Pz 1938 III 16/Berlin/1/5	ÖNB
90	H 4892/2	ÖGZ
92	H 4873/11	ÖGZ
	H 4873/7	ÖGZ
93	H 4873/5	ÖGZ
	H 4873/8	ÖGZ
	H 4873/9	ÖGZ
94	Pz 1938 III 24/Wien/1/1	ÖNB
	H 4854/2	ÖGZ
95	H 4901/2	ÖGZ
96	Pz 1938 III 18/Berlin/1/2	ÖNB
97	Pz 1938 III 28/Berlin/1/3	ÖNB
98	H 4887/2	ÖGZ
99	H 4887/1	ÖGZ
100	H 4863/1	ÖGZ
	H 4863/2	ÖGZ
101	H 4884/6	ÖGZ
	H 4884/3	ÖGZ
102	Ostmark-Wochenschau 17A/1938	Filmarchiv Austria
103	S 353/10	ÖGZ

103
Agenturtext:
Fussball-Länderkampf Oesterreich-Deutschland 2:0 im
Wiener Stadion.
Der Blick auf die freudig erregten Massen nach dem ersten
Tor für Oesterreich.
Weltbild G.m.b.H., Wien. 3.4.38. Ha

Seite	Inventarnummer	Bildquelle
104	H 4914/2	ÖGZ
	Pz 1938 IV 3/Graz/1/1	ÖNB
	H 4893	ÖGZ
105	S 294/67	ÖGZ
	S 60/29	ÖGZ
	S 60/35	ÖGZ
106	Rübelt-Negativarchiv	ÖNB
107	Rübelt-Negativarchiv	ÖNB
108	H 4894/6	ÖGZ
109	H 4894/8	ÖGZ
	H 4894/1	ÖGZ
110	H 4894/9	ÖGZ
	S 410/35	ÖGZ

Agenturtext:
Der Tag des Großdeutschen Reiches in Wien.
Der Führer auf dem Balkon des Wiener Rathauses.

111	H 4894/3	ÖGZ

Agenturtext:
Der Tag des Großdeutschen Reiches in Wien.
Der Führer auf dem Balkon des Wiener Rathauses.

112	H 4888/1	ÖGZ
	H 4888/3	ÖGZ
	H 4888/2	ÖGZ

Agenturtext:
Das rollende Wahlpropaganda-Büro fährt nach Deutsch-österreich.
Reichswerbezüge haben die Fahrt durch Oesterreich angetreten um die entlegensten Dörfer und Märkte für die Wahl vorzubereiten. In den Stationen wird die Landbevölkerung über die Bedeutung der Wahl aufgeklärt.

113	H 4888/4	ÖGZ
	H 4888/5	ÖGZ
114	Pk 3002, 2562	ÖNB
	H 4895/6	ÖGZ
115	H 4886/8	ÖGZ
116	H 4886/9	ÖGZ
117	Pk 3002/2557	ÖGZ
118	H 4886/13	ÖGZ

Seite	Inventarnummer	Bildquelle
119	H 4886/11	ÖGZ
	H 4886/10	ÖGZ
	411542	Imagno
120	533973	Imagno
121	RÜ ZK 251/1	ÖNB
	397874	Imagno
122	S 56/71	ÖGZ
	H 4895/5	ÖGZ

Agenturtext:
Der Wahltag in der österr. Provinz.
Stimmungsbilder aus der Gegend um Lilienfeld.

123	S 56/12	ÖGZ

Oesterreich gibt seine Stimme dem Führer.
Die Volksabstimmung in Deutsch-Oesterreich.
Trachtengruppen aus der Wachau vor dem Abstimmungslokal.

124	Pz 1938 IV 10/Wien/2/2	ÖNB
125	S 56/72	ÖGZ
	Pz 1938 IV 10/Wien/2/1	ÖNB
126	Pz 1938 IV 10/Wien/2/4	ÖNB

Zeitungstext:
Im Wiener Allgemeinen Krankenhaus trug man die Urne an zahllose Betten.
handschriftlicher Text:
Volksabstimmung
11.4. 38 40J

Pz 1938 IV 10/Wien/2/5   ÖNB
Zeitungstext:
Die Körperbehinderten wurden auf Tragbahren ins Wahllokal gebracht.
Agenturtext:
Grossdeutschland wählt.
Alles geht zur Wahl, selbst die Aeltesten und Kranken haben den Weg zur Urne angetreten.
handschriftlicher Text:
11.4. 38 40J

Pz 1938 IV 10/Wien/2/6   ÖNB
Zeitungstext:
Auch diese neunzigjährige Greisin trat, von Jungen gestützt, unter die Millionen der Bekenner zu Großdeutschland.

Seite	Inventarnummer	Bildquelle
126	*Agenturtext:* Die Volksabstimmung in Wien! Ein 90jähriges Grossmütterchen welche es sich nicht nehmen liess dem Führer ihr Ja zu geben wird von der SA zum Wagen gebracht. Wähler standen Spalier und ehrten die ehrwürdige Wählerin, welche mit ruhiger Hand vor der Wahlkommission dem Führer ihre Stimme gab. *handschriftlicher Text:* 11.4.38 40J	
127	Pz 1938 IV 10/Wien/2/7	ÖNB
128	Pz 1938 IV 10/Berlin/1/4	ÖNB
129	Pz 1938 IV 10/Wien/3/1 Pz 1938 IV 11/Wien/0/1	ÖNB ÖNB
130	S 96/65 S 208/33	ÖGZ ÖGZ
131	S 87/40	ÖGZ
132	S 96/68	ÖGZ

Seite	Inventarnummer	Bildquelle
133	S 62/87	ÖGZ
134	Bestand Weiser S 278/3	ÖNB ÖGZ
135	H 5175/3	ÖGZ
136	H 4848 H 4920/5	ÖGZ ÖGZ
137	H 4920/3 H 4920/1	ÖGZ ÖGZ
138	S 278/9	ÖGZ
139	H 4920/7	ÖGZ
140	H 4920/10 H 4920/8	ÖGZ ÖGZ
141	H 4920/4 H 4920/9 H 4920/2	ÖGZ ÖGZ ÖGZ

Abkürzungen

DÖW   Dokumentationsarchiv des österreichischen Widerstands
ÖGZ   Österreichische Gesellschaft für Zeitgeschichte
ÖNB   Bildarchiv der Österreichische Nationalbibliothek
VGA   Verein für die Geschichte der Arbeiterbewegung

Alle Fotografien aus den Archiven ÖGZ und ÖNB und VGA sind über
die Bildplattform der Österreichischen Nationalbibliothek bestellbar.

www.bildarchivaustria.at

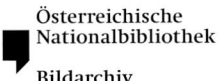

Österreichische
Nationalbibliothek

Bildarchiv

Bibliografische Information der Deutschen Nationalbibliothek
Die Deutsche Nationalbibliothek verzeichnet diese Publikation in der
Deutschen Nationalbibliografie; detaillierte bibliografische Daten
sind im Internet über http://dnb.d-nb.de abrufbar.

1. Auflage

Umschlaggestaltung: Alexander Rendi
Coverfoto: Adolf Hitler in Graz 3. April 1938. Foto: Lothar Rübelt
Bildrecherche: Michaela Pfundner, Hans Petschar
Layout: Christian Brandstätter und Franz Hanns
Gesamtherstellung: Grasl Druck & Neue Medien, Bad Vöslau

ISBN 978-3-85033-193-7

Christian Brandstätter Verlag
GmbH & Co KG
A-1080 Wien, Wickenburggasse 26
Telefon (+43-1) 512 15 43-0
Telefax (+43-1) 512 15 43-231
E-Mail: info@cbv.at
www.cbv.at